Reichtum unserer Lebenskultur

Das immaterielle Kulturerbe des Steirischen Vulkanlandes entdecken, verstehen und nutzen lernen.

Auflage 2012, 3.000 Exemplare

Büro für Verfahrenstechnik und Regionalentwicklung, Dr. Christian Krotscheck
(BVR Verlag), Auersbach, Österreich
A-8330 Auersbach 130, Tel. +43-3152-8575 300, Fax-DW 305

Text: Christian Krotscheck mit Unterstützung von
Thomas Pferscher, Josef Ober, Roman Schmidt

Herausgeber: Steirisches Vulkanland

Umschlagbild, Fotos: Bernhard Bergmann, Christian Krotscheck, Roman Schmidt,
Johann Schleich, WOCHE-Bildpost, Christian Knittelfelder, Michael Tiefenbach,
Vulkanland-Betriebe, Archiv-Vulkanland, Fotolia, Privat
Illustrationen und Graphiken: Christian Krotscheck, Werbeagentur Conterfei
Lektorat: Gabriele Krotscheck

Umschlaggestaltung, Satz und Layout: Werbeagentur Conterfei, www.conterfei.at
Druck: Druckhaus Scharmer, Feldbach, *Printed in Austria*

ISBN 978-3-902852-04-5

BVR Verlag | www.verlag.natan.at

Über dieses Buch

Dieses Buch ist im Rahmen des CENTRAL EUROPE Projektes „Cultural Capital Counts" - kurz: CCC – entstanden. Im Rahmen diese Projektes erarbeiten 10 Partner aus 6 Europäischen Ländern (Österreich, Deutschland, Italien, Polen, Slowenien, Ungarn) eine gemeinsame Strategie, um ihr immaterielles Kulturerbe – das sind Wissen, Fähigkeiten, Talente, der Umgang miteinander – in Wert zu setzen und in den Mittelpunkt einer eigenständigen regionalen Entwicklung zu stellen. Die Fähigkeiten und Talente der Menschen sind die Basis für eine ausgewogene menschliche, ökologische und wirtschaftliche Zukunft!

Als Initiator und Leadpartner ist das Steirische Vulkanland hauptverantwortlich für die Umsetzung des Projektes CCC.

Nach der Auszeichnung mit dem europäischen EDEN award 2008 für „Immaterielles Kulturerbe und Tourismus" und dem Projekt „InKult" zur Inwertsetzung des immateriellen Kulturerbes setzt das Steirische Vulkanland auf Initiative von L-Abg. Josef Ober damit den nächsten Schritt einer konsequenten Auseinandersetzung mit dem immateriellen Kulturerbe. Damit übernimmt das Steirische Vulkanland eine internationale Vorreiterrolle im Bereich des immateriellen Kulturerbes, dessen Inwertsetzung und konkrete Nutzung für die regionale Entwicklung.

Zu Beginn des Projektes stand eine Erhebung und Recherche zum immateriellen Kulturerbe in neun Partnerregionen unter Mitarbeit des internationalen Projektteams. Die Ergebnisse wurden gesammelt und in allen neun Regionen in Buchform aufbereitet – ein Buch davon halten Sie nun in Ihren Händen. Es bietet einen Einblick in das immaterielle Kulturerbe des Steirischen Vulkanlandes, über unsere Lebenskultur.

Eine Datenbank mit den Ergebnissen aller Regionen sowie weitere Informationen zum Projekt finden Sie im Internet unter www.culturalcapitalcounts.eu

Dieses Projekt wird im CENTRAL EUROPE Programm umgesetzt und durch den Europäischen Fonds für regionale Entwicklung kofinanziert.

CULTURAL CAPITAL COUNTS
Das Land Steiermark
CENTRAL EUROPE COOPERATING FOR SUCCESS.
EUROPEAN UNION EUROPEAN REGIONAL DEVELOPMENT FUND
This project is implemented through the Central Europe Programme co-financed by the ERDF.

Our cultural wealth

This book is a result of the Central Europe project CULTURAL CAPITAL COUNTS, which intends to valorise the intangible cultural heritage for a sustainable development of European regions. Cultural Capital Counts is co-financed by the European Regional Development Fund (ERDF) through the Central Europe Programme. It unites 10 partners from 6 European countries in their common attempt to achieve the target of capitalize cultural resources for more competitive cities and regions by focussing on their intangible resources like people`s skills, knowledge and talents.
Final goal of the project is the implementation of a strategy for sustainable regional development based on intangible regional resources, thus to improve economic development and quality of life in European regions. This strategy offers a completely new perspective for European regions for a truly endogenous development!
A deep bond between creative genius and know-how is generated by the intangible cultural heritage which ensures the unique character and distinct identity of any local area and the people who live there. Knowledge and skills are constantly re-created over the generations; they represent a vital and rich heritage for our economy, especially today. The Steirisches Vulkanland is a melting pot of special arts and typical crafts traditions. There are many "cultural professions" forming a fundamental part of our creative system and knowledge society that today guide advanced economies.
Every field and every product merges history, region, ability and inventiveness that come to express an identity and a life style. They are not objects but cultural processes which must be valorised together with the social act of creation and re-development.
We would like to thank all our partners who worked with us to develop the Cultural Capital Counts Project. The implicit value of this project lies in its capacity for networking and cooperation as well as in sharing know how and skills. A lot of hidden treasures were discovered! The results of our research are now presented in nine brochures, one for each participating region in the national language. Descriptions of all regions' intangible cultural heritage are available at our database in English.

http://www.culturalcapitalcounts.eu

Vorwort

Nach dem Entdecken unserer kulturellen Werte und Stärken sind wir am Weg zu einer besonderen Lebenskultur.

Wir sind es gewohnt, über Dinge & Sachverhalte zu sprechen, Produkte zu kaufen und Sichtbares zu untersuchen. Etwas ungewohnt ist daher unser Versuch, das Dazwischen- & Dahinterliegende unserer Gemeinschaft umfassend darzustellen, zu benennen und dessen Wert für uns alle fest zu machen. Diese Ressourcen sind genauso wichtig wie Energieträger, Holz oder Asphalt: Wir nennen sie „immaterielle" Ressourcen oder Kulturwerte.
Zu ihnen zählen unter anderen:

- **das Wissen und die Erfahrung**, die unsere Vorfahren & wir gesammelt haben und an unsere Kinder bzw. Enkel weitergeben – ein sehr weitreichendes Feld von Kochen, Werken, Brauchtum, Hausverstand, Naturverbundenheit bis zur Ökonomie

- **aufgebautes Vertrauen** in Familien, zwischen Gemeinden, in Firmen oder auf Märkten, als Basisressource des Zusammenhaltens und der Zusammenarbeit

- **die Art und Weise**, wie unser Menschenschlag „tickt" – unsere Mentalität, Vorlieben, Ängste, Hoffnungen oder unser Erfindungsgeist

- **das praktische Können** und die vielfältigen handwerklichen Fertigkeiten (Sehen, Erkennen und Tun)

- **die Lebendigkeit** unserer Dörfer & Orte im Vulkanland, die ein Gutteil aus der Aktivität der Vereine getragen wird; die Motivation zum Ehrenamt, die aufgebrachte Toleranz & Lie-

ZUKUNFTSFÄHIGKEIT

Menschlich: Verfeinerung des Lebensstils, lebenslange Kultivierung, Mut und Wertschätzung, Eigenverantwortung, Ehrenamt und Vorbild, Dankbarkeit, regionaler Konsum.

Ökologisch: Wertschätzung und achtsamer Umgang für die Grundlagen unserer Existenz, nachhaltige Bewirtschaftung, Landschaftsbild, Geomantie und harmonische Baukultur.

Wirtschaftlich: neue Wirtschaftskultur, Regionalmarkt, Kreativität, Verantwortung, Positionierung (Kulinarik, Handwerk, Lebenskraft), Image, 100 Prozent eigene Energie, Ethik, Zusammenarbeit

be und alle Formen der gemeinsamen Gestaltung – von der Festkultur, der Blasmusik, den Chören & Singkreisen bis zum Theaterspiel

- **das Wissen** über die Jahreszeiten und die Nutzung der speziellen natürlichen Ressourcen, die es in unserem Lebensraum „vor der Haustür" gibt (Steine, Wasser, Luft, Bodenarten, Pflanzen und Tiere)
- **der Umgang mit der Landschaft** und ihren natürlichen Gegebenheiten

Alle diese Bereiche haben unsere Lebenskultur geformt. Sie heben uns aus dem Sog einer alles gleich machen wollenden, wirtschaftsorientierten Globalisierung. Wir haben uns im Vulkanland entschlossen, aus uns & unseren Schätzen vor Ort etwas Besonderes zu machen. Auf diesem Weg zur Einzigartigkeit hilft uns das Wissen um unseren immateriellen Fundus enorm. Man könnte auch sagen, dass dies alles Elemente der „Seele" unseres unikaten Vulkanlandes sind.

Wir wissen, dass eine Mischung aus Aufmerksamkeit, Pflege, Lebensweisheit und aktive Beschäftigung den Dingen ein besonderes Leben einhaucht. Alles was wir besonders schätzen bekommt diese Aura des Wertvollen – wir „hobn an Hoagl" damit. Wir machen es zu etwas Besonderem & uns Heiligem. Wir sind im Stande, Bedeutung zu geben und Wert zu schaffen. Das ist die Stärke des Immateriellen! In seiner Bedeutung fußt unsere Lebensqualität und unser Wohlfühlen.

Zukunftsfähigkeit kann nur durch die Balance von immaterieller und materieller Entwicklung erreicht werden. In diesem Sinne machen wir hier einen wichtigen Ausschnitt unserer immateriellen Schätze des Vulkanlandes sichtbar und bewusst. Nutzen Sie diesen Schlüssel zur Zukunftsfähigkeit, Lebensqualität & Gemeinwohl über Generationen zu schaffen!

Ihr J. Ober, A. Gangl, M. Fend und C. Krotscheck

Inhaltsübersicht

Kapitel 1

Gelebte Menschlichkeit

Kapitel 2

Gemeinschaft mit dem Lebensraum

Kapitel 3

Regional-wirtschaft

STEIRISCHES VULKANLAND

Zukunftsfähigkeit

menschlich - ökologisch - wirtschaftlich

Gelebte Menschlichkeit

Themenfelder

Menschenschlag und Mentalität

Lebenskultur, Hausverstand, an „Hoagl hobn", Wege zur Lebensreife

Gemeinwohlkultur

Familie, Vereine & Ehrenamt, Festkultur, Kooperationskultur, Prozesskultur, globale Verantwortung

Gemeinschafts-(volks)kultur

Chöre & Singkreise, Blasmusikkapellen, Theaterkultur

In einer Zeit, in der sich die Welt immer schneller zu drehen scheint, muss man seinen Standpunkt sehr sorgfältig bestimmen. Die Globalisierung, die Kräfte der großen Medien und Industrien, haben viele ins Schwitzen gebracht. Welche Kräfte oder Einstellung von uns waren dafür verantwortlich, dass sie bei uns Raum gewinnen bzw. Fuß fassen konnten? Dass sie unauffällig Familien gespalten, Lebensräume vergiftet und erfolgreich in uns Menschen Neid & Gier zum Keimen gebracht haben?

„Die Kunst, sich selbst und das Zusammenleben in der Gemeinschaft zu kultivieren, ist Lebenskultur."

Diese Entwicklung hat uns gezeigt, dass wir die Wurzeln unseres Wohlstands und unserer Lebensqualität genauer betrachten müssen. Ist unsere Wirtschaftsleistung der höchste Wert, den es um jeden Preis zu

IMMATERIELLES KULTURERBE

- **Immaterielles Kulturerbe** entdecken, ver stehen und nutzen
- **Traditionen** im Lichte der Zukunftsfähigkeit
- Der **Menschenschlag** im Vulkanland
- **Ruhe und Einkehr im Advent** mit dem Grünen Licht und der Laterne als Symbol.

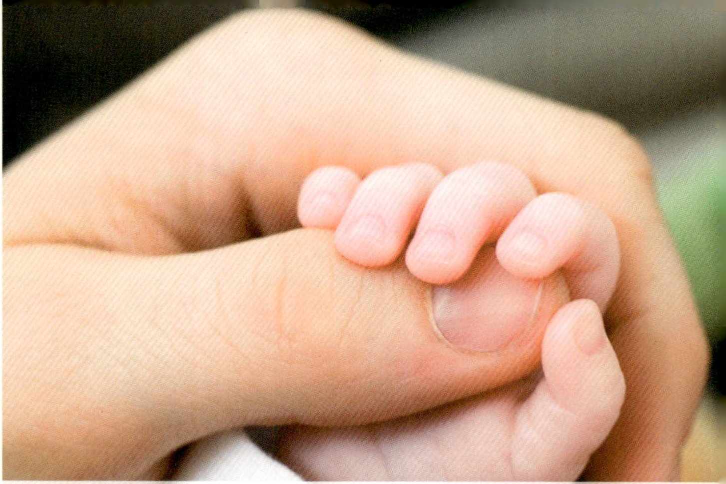

Von Kinderheit an sind das gegenseitige Vertrauen und die gelebte Menschlichkeit am Wichtigsten.

Vulkanland: Die Region der Vielfalt

erhalten gilt? Können wir jahrzehntelang unsere Lebensgrundlage Natur oder unseren Körper über die Verträglichkeit belasten? Oder erzeugt die gängige Art der Beziehungskälte und Wegwerfgesellschaft das nötige Wohlfühlen über Generationen? In allen unseren Umfragen und Gesprächsrunden bekommen wir zur Antwort: Die Familie ist das Wichtigste! Und das stimmt: Sie legt die Grundsteine zur gelebten Menschlichkeit. Aus der gegenseitigen Achtung erwächst die Liebe zueinander und zur Natur. Das ist der Beginn der Eigenkultivierung jedes Menschen und nur das macht uns als Ge-

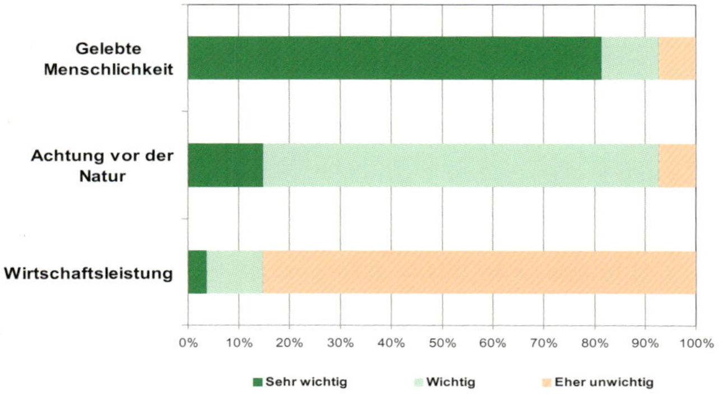

Ergebnisse zur Frage „Z2": Reihen Sie die drei Begriffe nach Ihrer Wichtigkeit für eine zukunftsfähige Gesellschaft – aus Masterarbeit von Thomas Pferscher, 27 Tiefeninterviews (2011).

Vertrauen ist die Basis langfristiger Kooperationen.

meinschaft zukunftsfähig. Unsere kulturellen Ressourcen werden am Weg zur Zukunftsfähigkeit unser entscheidender Proviant sein. Haben wir daher **Mut zur Menschlichkeit**! Sie ist am wichtigsten. Herzensbildung ist überlebensnotwendiger als Hirnakrobatik in der Schule, Familie oder am Arbeitsplatz. Allen Medien zum Trotz reden wir über Menschlichkeit, wenn alle über Wirtschaftszwänge reden. Gönnen wir von Herzen, wenn anderswo die Gier regiert.

„Zufriedenheit & Lebensfreude sind nur im Rahmen eines eigenverantwortlich gestalteten Lebens zu finden.

Lieben wir den Frieden, auch wenn man sich in anderen Gegenden vor lauter Angst zu zerfleischen beginnt. Leben wir die Zufriedenheit, investieren wir in die bleibenden Werte und entdecken wir das

Vertrauen gewinnen

Von Generationen lernen

Menschlichkeit leben

„Die Balance von Innerem und Äußerem – von Immateriellem und Materiellem – empfinden wir als Echtheit. Die Echtheit erhöht unsere Wirksamkeit."

Glück vor der Haustür. Unser gelebtes Vorbild wird viele Familien & andere Regionen inspirieren, uns nachzueifern.

Entdecken wir Mutter Erde als Freundin und lebendiges Wesen, das unseren Lebensraum unterhält, uns in Fülle schenkt und ein Buch voller Weisheit für uns bereithält. Ehren wir unseren Lebensraum durch die respektvolle, nachhaltige Nutzung seiner Produkte und Schönheit. Unsere Landschaft hat Geschmack! Wir haben verstanden, dass uns dies viel wert ist.
Dadurch beginnt sich unsere Wirtschaft vor Ort wie von selbst zu entwickeln. Die nachhaltige Entwicklung der Regionalwirtschaft ist ein Koppelprodukt der eigenen, regionalen Lebenskultur.

Unsere Wertschöpfung erwächst unserer Wertschätzung.

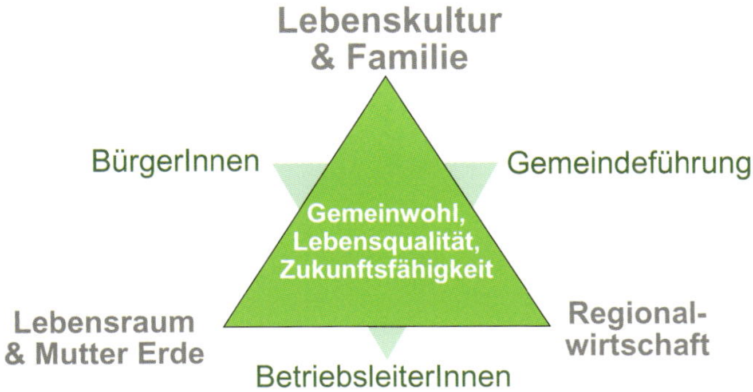

Das Dreieck - gelebte Menschlichkeit (Lebenskultur und Familie), Erhaltung der Lebensgrundlage Mutter Erde und die Regionalwirtschaft vor Ort - schaffen Zukunftsfähigkeit im Vulkanland.

Lebenskultur

Verfeinerung des Lebensstils, Festkultur im Jahreskreis, neue Kultur des Miteinanders, Wiederentdeckung des Eigenen.

Unsere Art zu leben ist ein wertvoller Teil unseres individuellen Ausdrucks und Charakters. Der Lebensstil und die Mentalität der Menschen im Steirischen Vulkanland sind geprägt von Familienzusammenhalt, Fleiß, Geselligkeit, Bodenständigkeit sowie vom tatkräftigen und geschickten Anpacken. Das spiegelt sich in einem bewussten, sorgfältigen Umgang mit dem Vorhandenen wieder. Werte wurden über Generationen geschaffen, Bestehendes wird gepflegt und erhalten, Neues wird sorgfältig entwickelt.
Was von uns gehegt und gepflegt wird, bekommt Wert, man ist stolz auf das Eigene und man schätzt diese gewisse Unabhängigkeit. Dieses „selbstständig Sein" wollen und können ist eine wichtige Vorbedingung für die zukunftsfähige Gestaltung unserer Region. Sie beinhaltet Mut, Optimismus

Gemeinsam feiern

Innovativ sein

Die Natur achten

Der Blick auf die Kapelle von Glojach. Überall im Vulkanland eröffnen sich malerische Ausblicke – als Inspiration für so manch wertvolle Einblicke.

und Organisationstalent – alles Werte des unternehmerischen Geistes, der für die Regionalwirtschaft und die Lebendigkeit der Gemeinschaft bzw. des Vereinslebens so notwendig ist.

Unser Charakter und unsere Mentalität bestimmen, wie wir leben - unseren Umgang mit der Familie, mit Freunden, der Natur und der Regionalwirtschaft. Es ist zur Selbstverständlichkeit geworden, dass ein Besuch von und bei Freunden, Bekannten oder gar völlig fremden Menschen, mit Kaffee und Kuchen, zum Teil sogar einer kleinen Jause versüßt wird. Diese gelebte Menschlichkeit, wie sie in der Region im Familien- und Freundeskreis, aber auch innerhalb der Nachbarschaft praktiziert wird, ist einer der Eckpfeiler unserer besonderen Lebenskultur.

„Die Lebenskultur kann man am Grad der Eigenverantwortung und an der politischen Mitgestaltung der Gemeinschaft messen."

In dieser Broschüre versuchen wir in kurzen Worten einen Überblick über unsere „Kunst" des Lebens zu geben. All diese Bereiche sind nicht selbstverständlich! Sie machen uns zu etwas Besonderem. Nach dem Erkennen dieser kulturellen Stärken stehen wir am Beginn einer positiven Lebenskultur-Entwicklung.

Individuelle Kultivierung: Jeden Tag stehen wir vor neuen Aufgaben, Herausforderungen und Geschenken. Auf der Bühne unseres Lebens haben wir die Chance, unsere vielfältigen Ausdrucksformen tiefergehend & individuell zu kultivieren. Die Balance von innerer und äußerer Kultivierung – von Immateriellem und Materiellem – empfinden wir als

Zelebrieren von regionaler Festkultur wie hier beim Terravulcania-Weinfest in St. Anna am Aigen.

steigende Echtheit, die als geschliffener Diamant am Lebensabend zu strahlen beginnt.

Familie – Ursprung der Menschlichkeit: Kultivierung bedeutet Arbeit, vor allem an sich selbst und in seinen anvertrauten Bereichen in der Gemeinschaft. In der Familie, der Basiszelle der Kultur des Zusammenlebens, liegt der Ausgangspunkt höchster Lebenskultur – das Fundament der Menschlichkeit. Das Festhalten an menschlichen Werten und die Liebe füreinander sind die tragenden Kräfte der Gemeinschaft. Durch die gemeinsame Anstrengung der Entwicklung zu menschlichen Werten und Visionen reift und verfeinert sich unsere **Lebenskultur.** Diese leben-

„Oft ist es mehr Wert mit allen ins Ziel zu kommen, als zu gewinnen. Es ist sehr wertvoll, das „Genug“ zu kennen.“

Singen macht Freude

Zu Werten stehen

Bewusst wahrnehmen

LEBENSKULTUR IM VULKANLAND

Theatergruppen, Chöre & Singkreise, Blasmusik, Orgelklang, Kunst und KünstlerInnen sowie Festkulturträger aus dem Steirischen Vulkanland präsentieren sich und ihre Veranstaltungen im Kreis der Jahreszeiten.

Erhältlich bei Ihren Gemeindeämtern oder unter Tel. 03152/8380-11

Weiter Infos unter: www.vulkanland.at

In den Lebenskulturbroschüren des Steirischen Vulkanlandes finden sich die Träger der Identität als Netzwerk wieder.

dige und vielfältige Kultur ist die Krone der Kultivierung. Unsere Lebenskultur ist die Grundlage unseres Wohlstandes und der persönlichen Lebensqualität! Das große Gemeinsame beflügelt unseren individuellen Klang im Lebenskultur-Orchester des Steirischen Vulkanlandes.

Kulturelle Schätze

Das gemeinsame Miteinander gestaltet das Leben festlich.

Hausverstand

Was das Zusammenleben, die Natur und die Regionalwirtschaft brauchen, weiß der Hausverstand.

Der Hausverstand ist im Vulkanland eine **wertvolle Ressource**. Er umschreibt den gesunden Menschenverstand als praktisches & erfahrungsbezogenes Verständnis der Welt, die Fähigkeit, dieses anderen Menschen einfach mitzuteilen, und das dazugehörige natürliche Urteilsvermögen, das schlussendlich unsere Handlungen definiert.

Bis vor wenigen Jahrzehnten war die Herausbildung von Hausverstand in fast allen Familien gegeben. Vieles wurde selber gemacht: im Garten, im Haushalt, in der Küche, im Handwerklichen (Haus, Möbel, Werkzeug, Geräte) oder in der Landwirtschaft bzw. im Kleingewerbe. Durch den glücklichen Umstand des Mithelfens erlernten die Kinder von klein auf von ihren Eltern & Großeltern viele Talente und Fertigkeiten. Sie arbeiteten in praktischen Zusammenhängen & Abläufen und erlernten

Wissen, woher es kommt

Nachhaltig denken

Staunen und Lernen

Die gemeinsame Hausarbeit von Jung und Alt bildet den Hausverstand.

dabei oft „mehrere Berufe". Wahre **Tausendsassa**, mit großem Hausverstand & Können, sind so im Vulkanland herangewachsen und sind heute weit über die Regionsgrenzen in der Wirtschaft & im öffentlichen Leben gefragt (und verdienen dabei hervorragend) – dies vor allem dank der Kultur, die Arbeit, das Wissen und das Können weiterzugeben bzw. zu üben, ausprobieren zu lassen, anwenden zu können sowie die Tricks und den richtigen Ablauf zu erlernen. Heute ist man vielerorts der Meinung „die Kinder sollen in der Schule lernen" und „wir können alles billig kaufen, wir müssen es nicht selber tun – das reicht". So beschäftigen sich unsere Kinder & Jugendlichen neun, vierzehn, oft zwanzig Jahre mit Theorie, Computern, vorgefertigten virtuellen Welten, Medien, Wissenschaft & Fernsehdenken und dann beginnt für viele erst „im Job" der Praxiserwerb. Dann ist die Phase des leichten Lernens im Leben jedoch vorbei. Die Fertigkeiten, die man sich durch ein wenig Mithilfe als Jugendlicher leicht aneignen hätte können, müssen dann mühsamst erarbeitet werden. Der Hausverstand hat für unsere Haushalte, die Wirtschaft und das Gemeindeleben eine große Bedeutung – größer als die schulische oder universitäre Bildung. Er entscheidet, ob **das Wollen ins Tun** mündet. Ob die Ideen, Leidenschaften oder Perspektiven tatsächlich im Alltag – in der Praxis - Fuß fassen. Um in Zukunft nicht vor chaotischen Haushalten, unorganisier-

„Tun wir unseren Kindern Gutes und lassen wir sie in Haus, Garten und Heimwerkstatt mithelfen. "

Zusammen mit Kindern den Wert und den Geschmack der Natur entdecken.

ten Firmen und planlosen Vereinen zu stehen, müssen wir handeln & uns neu orientieren. Die manuellen Tätigkeiten und die geistigen sind gleichviel wert. Nur beides macht einen ganzen Menschen!

Wertschätzen Sie Ihren Hausverstand! Er hat sich vor allem durch oftmaliges Selbertun gebildet. Aus dieser Erfahrung entsteht praktisches Können und das motiviert, inspiriert & begeistert zu weiteren Leistungen. Das Steirische Vulkanland ist gesegnet mit Alltagswissen, hohem Familienwissen und praktisch erprobtem Hausverstand. Die Bildung des Hausverstandes wird wieder Teil unserer Familienarbeit. Tun wir unseren Enkelkindern und Kindern Gutes, indem wir sie in Haus, Garten & Werkstatt regelmäßig mithelfen lassen. Geben wir ihnen von klein auf das überlieferte Alltagswissen und die speziell im Vulkanland tief ver-

Selber machen

Die Sonne nutzen

Über Generationen hinweg

Mit dem Wissen um die Tiere und die Natur gesunde und wertvolle Produkte erzeugen.

wurzelten, traditionellen handwerklichen Fertigkeiten mit Begeisterung weiter! Der gut ausgebildete Hausverstand fördert das ganzheitliche, zusammenhängende Denken, Fühlen und Tun. Schenken wir dieses wertvolle Erbe weiter. Nur mit gut ausgebildeter natürlicher & individueller Urteilskraft wird eine glückliche & zukunftsfähige Generation heranreifen. Jahre später werden unsere Kinder & Enkelkinder den erlernten Hausverstand in ihrer Familie und im Beruf (vor allem in den höchsten Chefetagen, wo er heute bereits Mangelware ist) sehr gut gebrauchen können, um zu einer menschlicheren, ökologischen und regionalwirtschaftlichen Zukunftsfähigkeit beizutragen.

„Ob in der Familie, bei Freunden, im Verein oder am Arbeitsplatz – der Hausverstand ist für alle ein Segen!“

Kekse rollen und formen

Unikat

Händisch ernten

„An Hoagl hobn“

Bedeutung schenken und es heilig machen - die Dinge achten und ihnen eine neue Wertschätzung geben.

Wir alle haben schon einmal in die Schatzkistchen von Kindern geblickt: Ein glänzender Stein, eine alte Schillingmünze, der erste verlorene Milchzahn, der Flügel eines Tagpfauenauges, eine vertrocknete Blüte, drei Murmeln, ein Blättchen Rinde mit Gesicht ... erzählen besondere Geschichten. Nichts davon könnte man auf dem Flohmarkt um einen Cent verkaufen. Wir kennen auch die Erinnerung an Oma, wie sie ihr Geschirr (das sie zur Hochzeit geschenkt bekommen hatte) pfleglichst behandelte und in der Kredenz sorgfältigst aufbewahrte. Nur an besonderen Tagen oder Anlässen wurden diese Gegenstände mit Bedacht & Würde verwendet. Oder bei Opa, wo jeder Schraubenzieher seinen genauen Platz im Heiligtum Werkstatt hatte. Niemals hätte er mit der Zange einen Nagel eingeschlagen, weil

Intensiv beschäftigen

Schönes bewahren

Brauchtumspflege

DAS „HOAGL-HOBN"-PRINZIP

Der Wert unseres gemeinsamen Lebensraums Vulkanland steigt allein durch unser Denken und Fühlen. Kommen dann noch Wollen und Tun hinzu, sind wir in wenigen Jahren in unseren Augen etwas Besonderes und in den Augen unserer Gäste einzigartig.

Unsere Leidenschaft für Dinge macht sie zu etwas Besonderem.

gerade kein Hammer griffbereit lag.

All das, was wir besonders schätzen, bekommt diese Aura des Wertvollen – wir „hobn an Hoagl" damit. Wir machen es zu etwas Besonderem & uns Heiligem. Es hat für unser Leben und Wirken Bedeutung. Dieser Zug unserer Lebenskultur steht im krassen Gegensatz zur Ressourcen vergeudenden Wegwerfkultur. Man könnte auch sagen, dass der „Hoagl" ein zukunftsfähiges Prinzip für Gegenstände und Geräte ist. Nur qualitativ hochwertige und gut durchdachte Gegenstände können werthaltig genutzt werden. Es ist die Basis der Verfeinerung im Leben, die mit weniger Gegenständen mit hoher Bedeutung auskommt.

Wir lernen noch eine tiefe Lektion aus dem sorgsamen, heiklen Umgang: dass wir im Stande sind, Bedeutung zu geben und damit Wert zu schaffen.

„Durch unseren Geist und unser Fühlen geben wir den Dingen inneren Gehalt."

Das ist eine Stärke des Immateriellen! Wir erfahren, dass eine Mischung aus Aufmerksamkeit, Pflege, Lebensweisheit und aktiver Beschäftigung, den Dingen ein besonderes Leben einhaucht. Fast könnte man meinen, die Gegenstände & Geräte werden mit unserem Wohlwollen angereichert bzw. aufgeladen. Dadurch werden sie immer stärker von uns geprägt und prägen dann wiederum unsere Eigenheit deutlicher in ihrer Nutzung.

Wir alle kennen Häuser, wo „etwas in den Mauern steckt" – spürbar, oft so dick, dass man es fast riechen kann. Wir kennen

Mit und in der Natur wohnen und leben.

auch die Fotos vieler Wasserkristalle von Dr. Masaru Emoto, die die Einwirkung von Musik, Gefühlen, Symbolen oder Gedanken auf Materie verdeutlichen. Dieses Prinzip gilt für alle Dinge, die uns anvertraut sind. Wir entscheiden, ob und wie intensiv auf ihnen der Segen ruht. Der Mensch ist im Stande Materie individuell, mit seiner persönlichen Note „aufzuladen". Und das gilt vom Stein am Grundstück, über das Essen und das Abendkleid im Schrank bis natürlich zum Schmuck. Die starke Beziehung bringt eine andere Strahlung mit sich, die im Umfeld wahrgenommen wird. So macht es einen wesentlichen Unterschied, ob zum Beispiel Lebensmittel von einem geliebten oder von einem nur genutztem Feld oder Möbel aus leidenschaftlichen oder nur teilnahmslosen Händen kommen. Wie das Bild der Schatzkisten unserer

Das Werk fühlen

Die Leidenschaft leben

Mit allen Sinnen dabei sein

Viele Dinge werden im Leben zu Kunstwerken.

Kinder zeigt, kann durch unsere Zuwendung der „normale" Wert um ein zigfaches erweitert werden. Wir können dadurch auf Wertbeständiges setzen. Schonend, liebevoll, sorgsam, würdevoll, bedächtig, aufmerksam,... wird unser Umgang.
So werden Dinge wertvoller, bleiben erhalten und gepflegt, das Reparieren bzw. Sanieren zahlt sich aus – die Verfeinerung unseres Lebensstils wird sichtbar. Und Bräuche, Rituale und Feiern helfen uns, neue Lebensqualität und Wohlfühlen in dieser reichhaltigen Einfachheit zu finden.

Besonderes erhalten

Gutes wertschätzen

Elemente verbinden

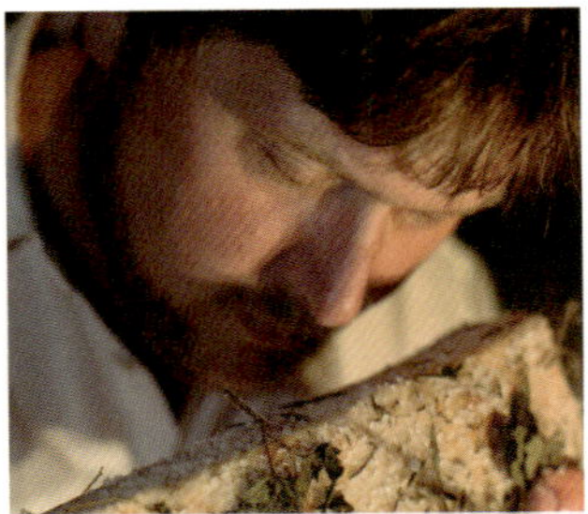

Produkte schätzen

Wege zur Lebensreife

Bestimmung und Lebensaufgabe, Bildung, aktive Senioren, barrierefrei kommunizieren, Pflege, natürliche Heilkräfte.

Durch hervorragende Hygienebedingungen, eine gute Nahrungsmittel- und medizinische Versorgung und Wohnkultur werden die Menschen immer älter. Das birgt eine riesige Chance für die Gesellschaft: Das Erfahrungspotenzial der gereiften Menschen wächst und damit die Möglichkeit der gesellschaftlichen Reife in Summe. Das Alter ist, wie jeder Lebensabschnitt, ein Geschenk! Die Wege zur Lebensreife bergen viele Chancen, insbesondere jene der Kultivierung zu individuellen, vorbildlichen Charakteren.

Der Charakter reift besonders „im Strom der Welt". Ein aktiver und positiver Lebensabend in engem Kontakt mit der Gemeinschaft erspart nachweislich lange Jahre leidvolles Pflegedasein. Daher gilt es, einen Teil seiner Zeit besonders auch im Alter der Gemeinschaft zu schenken – denn was man

Zusammen arbeiten

Füreinander da sein

Fröhlichkeit bewahren

WEGE ZUR LEBENSREIFE

Bestimmung und Lebensaufgabe, Bildung, aktive Senioren, barrierefrei kommunizieren, Pflege, natürliche Heilkräfte.

Weitere Infos unter: www.vulkanland.at

Das Alter ist, wie jeder Lebensabschnitt, ein großes Geschenk.

in der Pension mit seinen zeitlichen Ressourcen, mit seinem wirtschaftlichen Vermögen und mit seinem Erfahrungsschatz (Vermächtnis) tut, ist entscheidend.
Wenn das Bewusstsein für sich selbst und seine Entwicklung steigt, dann leistet man „automatisch" Entwicklungsarbeit an der Familie & Gemeinde (und darüber hinaus). Das Wohlergehen aller wird zum Bedürfnis, da eine steigende Präsenz die seelische Verbundenheit offenbart. Und, wer sich selbst bemeistert, muss nicht andere unter seiner Macht und Kontrolle halten. Es gilt ein höheres Bewusstsein zu entwickeln, damit sich Menschen und Gemeinden als Ganzheit erfahren – für **mehr Menschlichkeit**, mehr Erfüllung und nachhaltigen Erfolg.
Geben wir offen reflektierte Lebenserfahrung weiter, lehren oder üben wir traditionelle Handwerkstechniken, Bräuche, Gartenkultur und Kochkultur aus. Wichtig ist dabei, dass immer die Inwertsetzung mitschwingt, bei der Tradiertes an die Zeit angepasst wird. Formulieren wir unsere individuellen Lebensvisionen für die nächsten 10 bis 20 Jahre – denken wir dabei an uns, unsere Familie und an alle Menschen.

„Spirituelle Arbeit ist konkrete, tägliche Arbeit an positiven Beziehungen und die Gestaltung einer positiven Gesellschaft."

Das Singen & Musizieren in Gemeinschaft hält nachweisbar lange aktiv, fit und geistig rege. Durch die Resonanzen bahnen sich die Harmonien bis in den Alltag hinein. Die Folge dieser Ergebnisse sollte ein

Wer singt, stärkt nicht nur seinen Körper, er lernt auch seine Gefühle zu reinigen.

Chor, Tanz- bzw. Singkreis in jedem Dorf und das gemeinsame Singen „Pflichtprogramm" sein.
Wir vertrauen auf die Prävention und arbeiten bewusst an unserer Gesundheit, setzen auf Hausmittel & wertvolle Lebensmittel und wirken an der Inwertsetzung der natürlichen Heilkräfte im Vulkanland mit. Vernetzen wir uns mit Gleichgesinnten und übertreffen wir uns in den Vorstellungen einer lebenswerten Zukunft. Arbeiten wir gemeinsam darauf hin.
Gehen wir neue Wege, die sich aus dem Teilen und Teilhabenlassen ergeben – gemeinsam geht alles leichter, es bewahrt vor Vereinsamung und macht mehr Freude. In 10 Jahren werden weniger Leid und Einsamkeit, mehr Einsatz füreinander und spürbare Menschlichkeit die Ernte Ihrer Bemühungen sein!
Auf dem Weg zur Lebensreife erlernen wir die Prin-

Geistig fit bleiben

Feiern und lachen

Dabeisein und helfen

„Im Grunde sind es immer die Beziehungen zu Menschen, die dem Leben seinen Wert geben."

„Wer seine Flügel ausbreitet, den trägt die Luft. Wer sein Herz weit zu öffnen vermag, den trägt die Liebe."

„Der Glaube an menschliche Werte und die Liebe füreinander sind die tragende Kraft des menschlichen Zusammenwirkens."

Jede Tätigkeit hat ihren Rhythmus und ihren Klang.

zipien der Entwicklung. Zum Beispiel auch jene „nachhaltige Pädagogik", die weder Vorschriften noch Verbote nutzt, sondern das Vorbild im konkreten Vorleben & Tun ist. Damit fördert die eigene Entwicklung über das Resonanzprinzip die Entwicklung der Familie und der Gemeinschaft. Das Vorbild lebt von der Echtheit, dem beharrlichen Bemühen und von der konkreten positiven Ausstrahlung. Man muss selber brennen, um andere zu erwärmen, selber leuchten, um aufzuhellen, lebendig sein, um andere zu beleben.

Traditionen und Handwerk vor der Kulisse St. Anna/A.

Familie

Inwertsetzung der Familien, Haus- und Erziehungsarbeit, Hausmanufaktur, Inwertsetzung der eigenen Talente und Potenziale.

Oft, wenn man in der Öffentlichkeit über Familie spricht, wird man für seine soziale Romantik belächelt. Wer braucht heute noch Familie? Lag die Geburtenrate 2001 im Vulkanland noch über dem Steiermarkschnitt, so sind wir heute Schlusslicht. Mittlerweile haben ca. 30% der „Familien" im Vulkanland keine Kinder mehr. Im Schnitt sind es ca. 1,1 Kinder pro Familie. Und waren es 1981 noch 85% Ehepaare, die einen Haushalt führten, so ist der Anteil mittlerweile auf ca. 70% gesunken. Und auch der Anteil allein lebender Menschen geht gegen 17% aller Haushalte. Geht es so weiter besteht in 10 Jahren nur noch eine Minderheit von 34% aller

„Stehen wir zur gleichrangigen Wertigkeit der unbezahlten Leistungen – so wird sie für alle zur Quelle echter Lebensfreude!"

Familienbetriebe

Wissen weitergeben

Sich nützlich machen

FAMILIEN UND HAUSMANUFAKTUR

Inwertsetzung Familien, Haus- & Erziehungsarbeit, Hausmanufaktur, Inwertsetzung der eigenen Talente und Potenziale.

Weitere Infos unter: www.vulkanland.at

Eltern-Kind-Bildung – unendlich wertvoll und verbindend

Haushalte aus Elternpaaren mit Kind(ern). Interessant im Gegensatz zu diesen düsteren Prognosen ist, dass für 92% der Menschen die Familie das Wichtigste im Leben ist und dass 96% der Jugendlichen im Vulkanland selber eine Familie und Kinder haben wollen (vgl. Bestandserhebung 2008). Das gibt Hoffnung.

Denn die Familie leistet unendlich viel für die gesamte Gesellschaft. Sie sichert die Generationsfolge durch Weitergabe des Lebens an „neue" Menschen. Sie ist Ort der primären Ausbildung und Erziehung: Dort wird von der Lebenskultur, Sozialisation über Werte bis zum Hausverstand vieles vermittelt. Die Familie bietet Raum für Vertrauen, Geborgenheit, Wachstum, gemeinsame Mahlzeiten, Erholung, Freizeit, Spiel & Spaß, Rückhalt, Schutz und Fürsorge (für Säuglinge, aber auch für kranke oder alte Familienangehörige). Die Familie mit Haus & Garten bietet gleichzeitig ein hohes Potenzial zur Eigenversorgung: Hausmanufaktur, eigene Energie, Baustoffe, Kleidung und natürliche Heilmittel. All das macht sie auch zu einer Wirtschaftsgemeinschaft, in der man leichter das Auslangen findet, als auf sich allein gestellt.

„Erfahrungsaustausch und Elternkompetenz sind für Familien wichtig – nutzen wir die Angebote der Eltern-Kind-Bildung vor Ort."

Die Familie stellt die wertvollste und bedeutsamste „Aktie" der Menschen im Vulkanland. Durch den ausgeprägten familiären Zusammenhalt der Menschen entsteht ein nahezu unbezahlbarer Mehrwert für die Gemeinschaft.

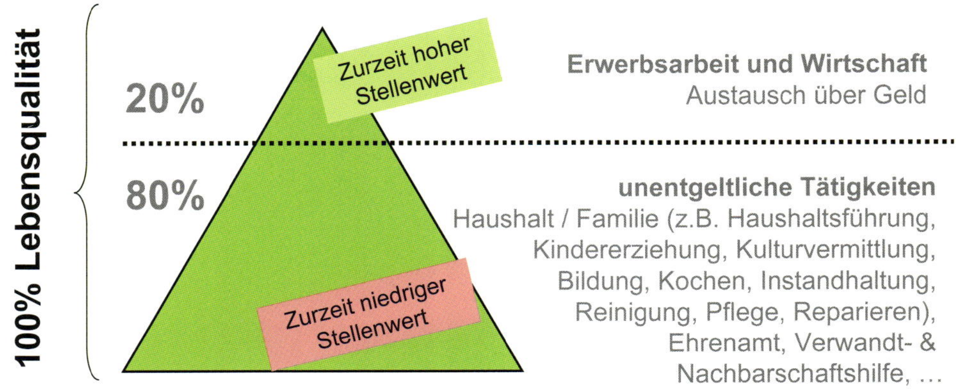

Die unentgeltlichen Tätigkeiten und Leistungen für die Gemeinschaft haben in der Öffentlichkeit leider einen niedrigen Stellenwert. Das muss sich ändern!

Die Familie vermittelt der jungen Generation Fähigkeiten und Fertigkeiten, durch die sie einen wertvollen Beitrag für die Gesellschaft leisten kann. In der Vermittlung regionstypischer Lebenskultur lernen unsere Kinder und Jugendlichen nicht nur für ihr eigenes Leben, sondern erfahren Schritt für Schritt auch die Wichtigkeit des Gemeinwohls. In den Familien der Region wird ein großer Wissensschatz über Generationen hinweg gesammelt und weitergegeben, dadurch liefern sie einen ganzheitlichen Beitrag zu unserer Lebenspraxis (zum Beispiel die Weitergabe von Kochkünsten und –rezepten). Die Wiege der Ökonomie ist und bleibt auch heute noch die Familie, denn Familien sind

„Die Leistungen / Arbeiten für die Gemeinschaft sind die Basis der Lebensqualität aller Menschen“

Weiterführung

Verbundenheit

Unternehmungen

nicht nur für die (Aus-)Bildung von Kompetenzen verantwortlich, sie liefern auch einen wertvollen Beitrag in Richtung gute Haushaltsführung. Das bedeutet mit dem Vorhandenen sparsam und nachhaltig hauszuhalten – eben mit Hausverstand.

In der Familie als Grundbaustein der Gemeinschaft erlernen und verbessern wir den Umgang miteinander. Die Kultur des Miteinanders wird in Balance von Geben und Nehmen, von Mittelpunkt und Hintergrund, von Nähe und Abstand, von Verantwortung und Mithilfe sichtbar. Die Familie und dadurch die Arbeit an der Gemeinschaft Familie hat ebenbürtigen Stellenwert zu jeder anderen Arbeit. Sie hat auf materieller, seelischer und spiritueller Ebene ihre Notwendigkeiten und erfordert großen Einsatz. Wer die Familie bewusst erfährt, wird zum erfolgreichen Schöpfer, sei es in sozialer Verantwortung, am Regionalmarkt oder in der Kulturlandschaft.

Die Familie bleibt der bedeutsamste Wertschöpfungs- und Lebensqualitätsfaktor. Es ist höchste Zeit, die Haus- und Familienarbeit bewusst als solche wahrzunehmen und insbesondere den Wert dieser Arbeit voll anzuerkennen. Die Haushaltsführung erfordert vollen Einsatz, hohe Flexibilität & einen starken Willen. Alle im Haushalt tätigen Personen verdienen unsere Hochachtung und unsere tägliche Wertschätzung.

„Die Wiege der Ökonomie ist und bleibt die Familie.“

Freude und Vertrauen

Langfristige Wirkung kompetenter Eltern: bewusster Zusammenhalt & lebendige Gemeinschaft

Vereine & Ehrenamt

Das gemeinsame Gestalten in Vereinen und die aktive Beteiligung schweißen unsere Gemeinschaft zusammen.

Rund **49.000 Bürgerinnen und Bürger** liefern durch ihre ehrenamtlichen Tätigkeiten in verschiedensten Vereinen und Institutionen (wie z.B. bei der Freiwilligen Feuerwehr, dem Roten Kreuz oder Sportvereinen) einen wertvollen Beitrag zur Stärkung des Gemeinwohls im Vulkanland. Die Vielzahl an Vereinen & Institutionen ist ein Ausdruck unseres regionalen Wohlstandes. Sie liefern damit einen unbezahlbaren Beitrag zur Steigerungen unserer Lebensqualität & Lebenskultur. Die Gemeinschaft in Form von Vereinen und Institutionen stärkt den Einzelnen, jeder Beteiligte wiederum stärkt mit seinem Einsatz die Gemeinschaft.

Gemeinschaft bedeutet im Steirischen Vulkanland ein bewusstes Geben und Nehmen, wel-

Theatergruppen

Sportvereine

Ortsjugendgruppen

EHRENAMTLICHES ENGAGEMENT

Im ehrenamtlichen Engagement zeigen sich das soziale Miteinander und die gebildete Menschlichkeit vor Ort. Schätzen wir aktive Menschen und Vereine, die für die Gemeinschaft da sind. Helfen wir mit, setzen wir Zeichen der Dankbarkeit, besuchen wir ihre Veranstaltungen oder unterstützen wir sie durch Spenden.

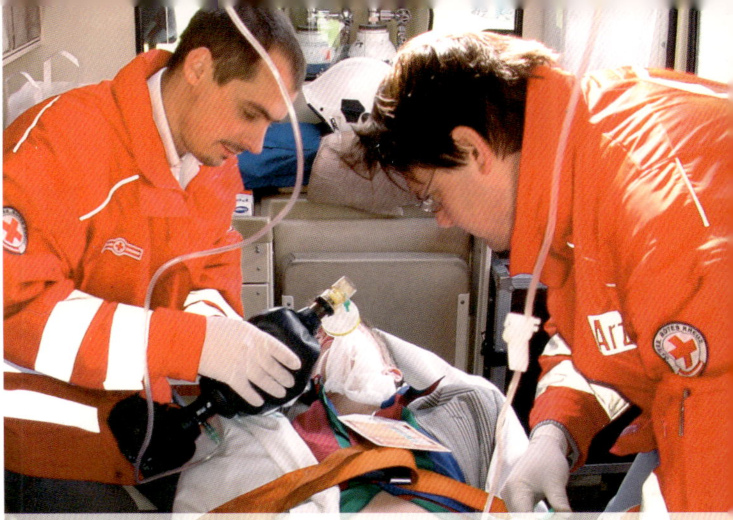
Lebensdienliche Vereine und Organisationen wie die Rettung oder Feuerwehr verdienen eine hohe Wertschätzung.

che insbesondere in der Spendenbereitschaft der Bewohner unserer Region sichtbar wird. Unsere Vereine und ehrenamtlichen Institutionen sind auf die Gemeinschaft angewiesen, welche sie nicht nur mit finanziellen Mitteln unterstützt, sondern insbesondere durch **persönlichen Einsatz und Mitarbeit** – ein herzliches Dankeschön dafür! Unser ausgeprägtes Vereinswesen ist typisch für die regionale Lebenskultur.

Ein Großteil der Vereine ist aus der Nachbarschaftshilfe gewachsen, welche auch heute noch von großer Bedeutung ist. Zum Beispiel haben wir mit über 120 Feuerwehren (oft die ältesten Vereine) ein enorm hohes Potenzial an einsatzfähigen Gruppen, welche nicht nur Dank ihrer Fähigkeiten Not zu lindern, sondern auch Dank ihrer unterschiedlichsten Aktivitäten (Feiern, Jugendarbeit, Weiterbildung, Katastrophenschutz) von gesellschaftlicher Bedeutung sind. Unsere Feuerwehrkultur ist eine bemerkenswerte. Oft bildet die Feuerwehr die Klammer der Gemeinschaft eines Dorfes. Es ist daher unumgänglich, auch in Zukunft diese Gemeinschaften zu

„Festakte sind die Möglichkeit schlechthin, ehrenamtlich tätige Menschen zu würdigen und sie für ihre Verdienste auszuzeichnen. Sie setzen Ehrenamt in Wert!"

Naturschutz

Die Kinder- und Jugendarbeit ist ein Juwel im Vereinsleben.

schätzen & zu pflegen, den Sinn und die Notwendigkeit von Vereinen zu erkennen & zu achten. Auch wenn das Ehrenamt keine wirtschaftlichen Messgrößen widerspiegelt, so ist es für das Steirische Vulkanland von enormer gesellschaftlicher Bedeutung und Ausdruck des menschlichen Reichtums. Durch unseren Beitrag (Mitarbeit, Hilfe, Spende oder Festbesuch) muss uns auch bewusst sein, dass es eine Hierarchie und Wertigkeit von Vereinen für die Gemeinschaft gibt: Lebensbereichernde und vor allem lebensdienliche Organisationen haben dabei Vorrang. Dazu zählen die Einsatzorganisationen, Feuerwehren, die Blasmusikkapellen, sowie die meisten sozial und kulturell tätigen Vereine bzw. Pfarren. Verleihen wir wichtigen Vereinen und Institutionen ihre gebührende Strahlkraft, damit das Image und der Zuwachs

Landjugend Volkstanz

Aktives Vereinswesen

Zeit mit Kindern verbringen

Blasmusikvereine sind eine wichtige Einrichtung der Freizeit und des Gemeindelebens.

an Mitgliedern steigen. Die größte Hochachtung verdienen jene, die in herausfordernden Zeiten die Führung bzw. Leitung ehrenamtlich getragener Vereinen übernehmen. Hoher Zeiteinsatz, Verantwortung und persönliches Risiko zeichnen sie ebenso aus, wie der Mut zur Gestaltung neuer Wege oder das Durchhaltevermögen in schwierigen Situationen. Das verdient nicht nur in der Hauptversammlung unser Lob. Das verdient unsere Mithilfe und Lösungssuche in den Durststrecken. Der Dienst an der Gemeinschaft, verlangt auch, dass wir selber einmal Positionen im Vorstand oder Führungsteam bekleiden. Achten wir den Wert des Vorstandes bzw. der Führungspersonen!

Sie sind es, die mit persönlichem Einsatz ihre Mitglieder motivieren, unterstützen und damit einen wesentlichen Beitrag für unser Gemeinwohl leisten.

Ausflüge

Im Team handwerken

Gelebtes Brauchtum

Neue Festkultur

Die Festkultur einer Region ist wesentlicher Ausdruck der Lebenskultur ihrer Bürger. Feiern, Einbinden und Bewirten sind gemeinschaftsbildend.

Im Schnitt besucht jeder von uns rund 25 Feste und Veranstaltungen pro Jahr. In jeder Gemeinde wird ein bunter Reigen für das Zusammensein, den Austausch und das Feiern organisiert. Von rund ¼ der Bewohner – das sind **27.000 ehrenamtliche Helfer** im Vulkanland – werden dafür ca. 820.000 Stunden pro Jahr geleistet (das sind ca. 1.300 „Tageseinsätze" von Freiwilligen in jeder Gemeinde). Das Ergebnis sind ca. 6.300 Feste und Feiern im Jahreskreis, die unsere Kultur des Zusammenseins zeigen. Bereits in der Bestandserhebung 2008 wurden wichtige Fragen zur Festkultur gestellt. Ca. 95 % der Bevölkerung erachten es für wichtig, dass regionale Produkte ein Fixbestandteil bei Veranstaltungen sind und über 61 % befürworten einen

Frisch zubereitet

Zeit für Genuss

Authentische Musik

NEUE FESTKULTUR

Die Festkultur einer Region ist wesentlicher Ausdruck der Lebenskultur ihrer Bürger. Wie die Menschen einer Region feiern, Gäste bewirten und in die Gemeinschaft einbinden, entscheidet wesentlich über das Image.

Weitere Infos unter:
www.vulkanland.at

Wie die Menschen des Vulkanlandes feiern, Gäste bewirten und Gemeinschaft leben, ist das Aushängeschild der Region.

früheren Start von Abendveranstaltungen und dafür auch ein rechtzeitiges Ende (um 2 Uhr nachts). Jede Region ist geprägt von ihrer Festkultur, welche ein Ausdruck der Lebenskultur ihrer Bewohner ist. Die besondere Festkultur macht uns einzigartig: Feste sind Zeichen unserer Individualität, der in der Region geschaffenen Produktvielfalt, unserer Kreativität und zugleich auch unserer Bodenständigkeit. Feste stärken nicht nur das **Gemeinschaftserlebnis** untereinander, sie führen auch zu einer gelebten Kultur des Miteinanders. Eine Vielzahl an Helfern gestaltet im Vorfeld und während eines Festes den Rahmen. Jeder, der hier mitmacht, weiß, dass bereits in der Festvor- & -nachbereitung Gemeinschaft und Zusammenhalt lebendig werden. Köstliche Mehlspeisen und andere **hausgemachte Schmankerln** werden liebevoll zubereitet und spendiert. Dass uns eine gute Bedienung wichtig ist zeigen wir durch Trinkgeld, Lob und wertschätzenden Umgang. Die bedienenden Menschen sind die Visitenkarte des Festes und wichtige Ansprechpartner. Es zahlt sich aus, die helfenden Geister in die Philosophie hinter den Produkten ein-

„Wie die Menschen des Vulkanlandes feiern, Gäste bewirten und Gemeinschaft leben, ist das Aushängeschild der Region."

Wandern und Einkehren

Das Steirische Vulkanland ist auf einem besonderen Weg. Die Weiterentwicklung der Festkultur macht das Vulkanland einzigartig, nicht nur in unseren Augen, sondern auch für unsere Gäste.

zuführen und sie in den Besonderheiten derselben und in der Festkultur zu unterrichten. Festbesucher und Veranstalter achten auf eine bewusste Ess-, Tisch- (Gesicht des Festes) und Getränkekultur, bei der Regionalität und die Jahreszeiten an oberster Stelle stehen (dadurch werden über vier Arbeitsplätze pro Gemeinde erhalten). Schritt für Schritt hat sich im Vulkanland eine **neue Festkultur** entwickelt, welche nicht nur eine Frage des Stils und Niveaus ist, sondern insbesondere auch eine Frage der Nachhaltigkeit und der gegenseitigen Wertschätzung. Die neue Festkultur macht uns zu etwas Besonderem! Wie wir feiern, wie wir unsere Gäste bewirten und ihnen das Gefühl vermitteln, Teil einer lebendigen Gemeinschaft zu sein, hängt stark mit unseren persönlichen Werten zusammen. Die **Inwertsetzung** unserer

G`scheit Feiern

Regionale Produkte

Innovative Kochkunst

Jede Gemeinde, jeder Verein, jeder Betrieb, jeder Veranstalter und jede Bürgerin und jeder Bürger ist eingeladen, die Festkultur im Steirischen Vulkanland positiv mitzugestalten.

Festkultur beinhaltet eine Vielzahl kultureller Errungenschaften des Vulkanlandes: was hier wächst hat Wert; regionaler und hochwertiger Genuss; Produkt- und Innovationskultur; vorbildlicher Jugendschutz und Vorbildsfunktion der Erwachsenen; „G`scheit feiern" zum Wohle unserer Umwelt; gute Luftqualität und verstärkerfreie Musik. Im Grunde will man sich auf Festen unterhalten, spielen oder tanzen. In angepasster Lautstärke wirkt die Veranstaltung zufrieden stellend und das Gemeinschaftsgefühl steigt. Tanzkultur, Musik- und Unterhaltungskultur sind für uns ebenso wichtig, wie die Aufmerksamkeit für Festakte: Wir schenken Festakten unser Gehör, weil wir ehrenamtlich tätige Menschen dadurch würdigen und sie für ihre Verdienste auszeichnen. Ehrenamt ist wertvoll und alles andere als selbstverständlich!

Augenschmaus Esskultur

Edles präsentieren

Bedienung wertschätzen

Kooperationskultur

Gemeindezusammenarbeit und eine breite Kooperationskultur basieren auf unserem Vertrauen. 79 Gemeinden gehen einen gemeinsamen Weg.

Es gibt für alles eine sinnvolle Größe und einen effizienten Rahmen. Ameisen wohnen nicht einzeln im Wald, es gibt aber auch nicht nur einen Ameisenhaufen auf der ganzen Welt. Dieses Prinzip wird im Gesellschaftswesen „Subsidiarität" genannt, das grundsätzlich die Entfaltung der individuellen Fähigkeiten, Selbstbestimmung und Eigenverantwortung anstrebt. Gestaltungsaufgaben, Organisationsformen, Handlungen oder Lösungen sollen dabei auf der optimalen Ebene umgesetzt werden, um den Gesamtaufwand für die Gemeinschaft minimal zu halten. Nachdem wir uns der Zukunftsfähigkeit verschrieben haben, meinen wir mit Aufwand mehr als

Chöre und Singkreise beim jährlichen Chorfestival

Vulkanlandurlaub

ZAHLREICHE GEMEINSCHAFTEN

Grauburgunder Straden | TAU | Eruption | Winzer Vulkanland Steiermark | Vulkanlandurlaub | Museen & Sammlungen | ARGE Architektur & Baukultur | Holler Vulkan | Caldera Obstwein | Archäologie | Orgelklang | Designtischler Kornberg | Vereinigte Theaterbühnen | Forum Lebenskraft & Gesundheit | Chöre & Singkreise | Lebensgärten | Vulkanland Schinkenregion | Vulkanland-Honig | Bio-Bauern | Vulkanland-Gärtner | u.v.m.

(siehe auch auf der Seite www.vulkanland.at)

Die Netzwerke Lebenskraft, Theaterbühnen, Obstbauern, Designtischler und Winzer Vulkanland Steiermark sind Vorbilder gelebter, kooperativer und konsequenter Inwertsetzung.

nur Kosten für die öffentliche Hand.

Um **Subsidiarität** in einer Region zu leben braucht es eine Kooperationskultur über viele Ebenen und Organisationen. Zwischen Menschen, Familien, Nachbarn, Firmen, Verbänden aber auch zwischen Gemeinden, Regionen und dem Land. Im Vulkanland wird seit 1995 an der Kooperationskultur von Gemeinden und Institutionen gearbeitet. Viele Lösungen und Gestaltungen sind auf Basis dieser Arbeit geglückt. Die wesentlichen Ressourcen der **Kooperationskultur** - Vertrauen und Dankbarkeit - wachsen sehr langsam. Umso kostbarer sind die Zusammenarbeit und die Arbeitsteilung. Nicht jeder muss alles machen und können – so gesellt sich zur Subsidiarität die **Solidarität**.

Im Vulkanland Verein sind heute **79 Gemeinden** aktiv (ein erfreulicher Steiermark-Rekord). Die Zusammenarbeit zwischen den Gemeinden dehnt sich heute von der Gestaltung der Zukunftsfähigkeit (vgl. die Themenbeauftragten der Gemeinden und das „HBI-Modell"), über die Institutionenkooperation, die Optimierung der kommunalen Infrastruktur (vgl. hier insbesondere die Kleinregionen), gemeinsame Weiterbildung und Seminare, bis zur Positionierung, der Visionsabstimmung, Aufwertung durch Inwertsetzung & Bewusstseinsbildung und zur Identitätsbildung & Markenentwicklung. Letztere

„Jeder einzelne spielt im Vulkanland eine wichtige Rolle. Das große Gemeinsame beflügelt unseren individuellen Klang im Lebenskultur-Orchester."

Wenn die Kooperationskultur um sich greift, erfasst sie die Regionalwirtschaft, Gemeinden, Kunst & Kultur und das Gemeinwohl.

Bereiche werden auf Ebene des Steirischen Vulkanlandes bearbeitet.
Diese hervorragende **Aufgabenteilung** und die effiziente Abwicklung haben im Vulkanland **Spielräume zur Gestaltung & Entwicklung** aufgetan. Unsere Kooperationskultur trägt Früchte! Und sie ist zum wertvollen immateriellen Kulturerbe geworden, das uns von anderen Gegenden klar unterscheidet. Arbeitsteilung in Solidarität ist wichtig, damit keiner durch übermäßige Pflichten oder die Verantwortung erdrückt wird. Aber auch, weil nicht überall das Rad neu erfunden werden muss. Das schont Ressourcen, baut Beziehungen und verringert die Kosten.
Unsere Kooperationskultur färbt auch ab: Dem Vorbild der Gemeinden folgend haben sich bereits viele **Netzwerke im Vulkanland** in unter-

Gute Planung

Zusammenarbeit

Partnerschaft

Die Kraft des Holunders hat ein schlagkräftiges Netzwerk von Obstbauern zusammengebracht, die gemeinsam viel Herzblut in die Produktentwicklung investieren.

schiedlichen Bereichen gebildet. Zum Beispiel Theatergruppen, Chöre & Singkreise, Lebensgärten, ganzheitliche Gesundheitsanbieter, aber auch Winzer, Landwirte und Unternehmer. Im Vertrauen aufeinander wird Wertschätzung geübt – nicht nur sich selbst & der Gruppe, sondern auch der Natur, der Kultur oder dem „Fremden" gegenüber. Das Wissen um die eigene Kultur nimmt die Angst vor dem Gegenüber oder Andersartigen. Lassen wir unsere Pflanzen des Vertrauens weiter wachsen und stark werden. Schätzen & loben wir alle Menschen, die sich um das Gemeinsame annehmen. **Dank & Anerkennung** für Leistungen zum Gemeinwohl sind auf allen Ebenen bzw. in allen Gruppen zentral!

Durch die Arbeitsteilung der Gemeinden und Konzentration auf das Wesentliche werden Ressourcen für die Zukunftspolitik frei. Wir haben unsere Kräfte gebündelt und eine **vernetzte Region** geschaffen (vgl. auch das gesammelte Know-how auf www.vulkanland.at – dem online Vulkanland Portal), die sich ihrer Stärken und Talente immer bewusster wird. Die Erkenntnis der Stärken und Besonderheiten führte zu deren systematischem Ausbau. Dazu wurde die Strategie der „Inwertsetzung" entwickelt (siehe unten), bei der Prozesse als neues Gestaltungselement erlernt und angewendet werden.

Ideenreichtum

Inwertsetzung

Visionskultur und prozesshaftes Wirken als Zutaten einer erfolgreichen regionalen Entwicklung.

Die vulkanländische Kunst **der einzigartigen Gestaltung** hat eine weitere Finesse verankert: die „Visionskultur". Sie zeichnet sich dadurch aus, dass man sich der eigenen Ressourcen & Talente bewusst wird (was haben wir, was macht uns aus?) und danach auf Basis langfristiger Perspektiven und Vorstellungen (wo wollen wir hin, welche Werte sind uns wichtig?) gestaltet. Diese „Visionen" geben **Orientierung und Sicherheit** für die täglichen Handlungen und tauchen Bestehendes in ein neues Licht. Wir haben gelernt, nicht aus den Problemen des Alltags heraus zu handeln, sondern auf Basis ersehnter Vorstellungen für die Zukunft.

Die langfristigen Werte beginnen dadurch unseren Alltag zu beeinflussen – im Vulkanland nennen wir das die Transformation der Vision (was müssen wir bzw. jeder einzelne dafür tun?). Dazu bedienen wir uns dem Instrument der **Inwertsetzung**.

Sie wertet für unsere Zukunftsfähigkeit wichtige Ressourcen und Talente auf. Sie bekommen neue Bedeutung, ihre Träger

Ausgezeichnete Produkte

Neue Bedeutung

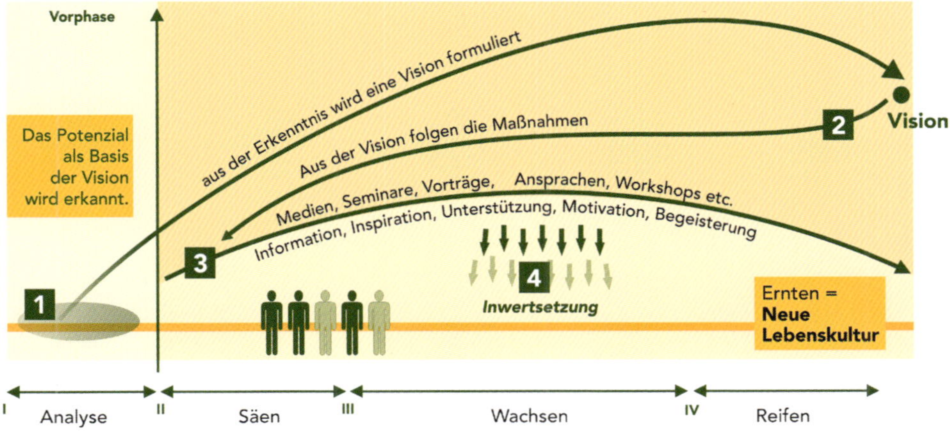

Die Schritte der Inwertsetzung

(ad. 3. Was müssen wir dafür tun? Konkrete Ziele und Maßnahmen)

frische Motivation & Sinn. Begeisterung für das Eigene, statt eingelullt werden durch das Gewöhnliche oder Billige stellt sich ein. Die eigene Orientierung steigt, statt im Einheitsbrei zu versinken. Unsere wichtigste Referenz ist der spürbare Nutzen der Mehrheit der BewohnerInnen durch die Vulkanlandentwicklung.

Eine gute Vision wirkt emotional und erzeugt **Spannung**. Wir wissen: nur wo Spannung ist, fließt der Strom. Mit dieser Energie kann Bestehendes in Wert gesetzt und innoviert werden. Und neue Zukünfte bzw. Projekte & Innovationen erfunden werden. Die Achtsamkeit auf die Zukunftsbilder ist eine feinstoffliche Kraft. Unsere Aufmerksamkeit ist eine Energie, in der das Neue wachsen & reifen kann. Und insgesamt besticht die Wirkung des Vulkanlandes als Summe der Aktivitäten & Leistungen seiner BürgerInnen und Betriebe.

Die Inwertsetzung ist ein langer Prozess: Er besteht aus Kommunikationsmaßnahmen (Medienarbeit, Broschüren, Vorträgen, Ansprachen, Informationen & News), der Schärfung der Zukunftsbilder, Aus- & Weiterbildungen, Motivieren und Wettbewerben, dem Zeigen anschaulich guter Beispiele, dem Loben und Hervorheben guter Vorbilder, sowie in der **Inspiration** (und Herausforderung) zu neuen oder großartigen Leistungen. In diesem langen Wirken der Vision findet jeder seinen Platz und seine Zeit, mit der Erneuerung zu beginnen.

STEIRISCHES VULKANLAND

Zukunftsfähigkeit
menschlich - ökologisch - wirtschaftlich

Verfeinerung

Kultivierung und Verfeinerung des Lebensstils gehen mit Wertschätzung und Eigenverantwortung, sowie mit regionalem Konsum Hand in Hand.

Im Sprachgebrauch treffen wir auf das Wort „Kultivierung" in verschiedensten Bereichen: in der Landwirtschaft, der Biotechnologie, im Zusammenleben oder in der Erziehung. Überall ist Kultivierung eine Kunst, die sich mit Wachstum, Wandel und Entwicklung auseinandersetzt. **Kultur und Reifung** gehören zusammen. Unsere Art zu leben ist wertvoller Teil unseres individuellen Ausdruckes. Die eigene Handschrift im Umgang mit sich selbst, seiner Familie, mit der Umwelt, mit Freunden oder bei der Arbeit ist ebenso prägend wie folgenreich. Sprechen wir heute von „Wachstum" (oder auch

„Die Entwicklung zur höheren Lebenskultur hat eine Verfeinerung des Lebensstils zur Folge."

Schönheit

Ökologisch

Gemeinsam

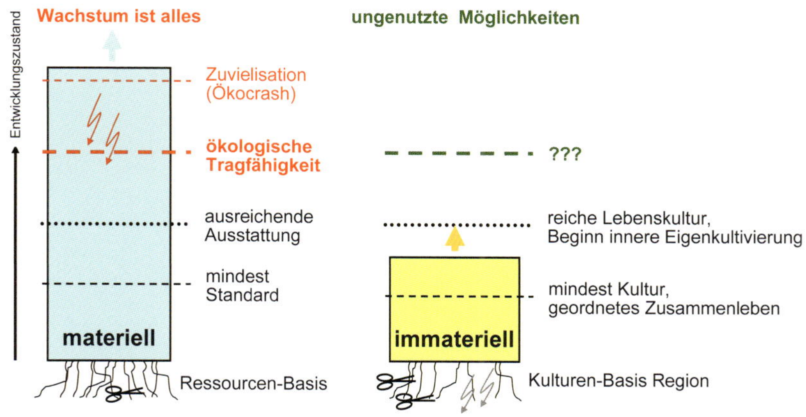

Verschiebung des Wachstumsfokus vom Materiellen auf das Immaterielle (Kultivierung) ist heute dringend nötig, weil wir die Natur stark übernutzen.

Entwicklung), so denken alle an Wirtschaftlich-Materielles. Weil wir im Vulkanland wahnsinnig reich (im Vergleich zum Rest der Welt) sind und weil wir bereits über der ökologischen Verträglichkeit leben – auf Kosten unserer nachfolgenden Generationen - müssen wir der immateriellen Aspekt des Wachstums für uns entdecken. Die immaterielle Kulturen-Basis einer Region ist ebenso vielfältig wie schwer zu erfassen: Lebensart, Ausdruck, Vertrauen, Beziehung, Gefühle, Denken, Muster, Musik, ... aber auch Lebensraum, Schönheit, Luftqualität, Klänge, etc.

Im Vulkanland haben wir mittlerweile einen sehr differenzierten Blick für Wohlstand entwickelt. Weder Wachstum noch Zuvielisation wird um jeden Preis angestrebt. Ab einer gewissen „materiellen Flut" beginnt die Lebensqualität (trotz steigendem Einkommen bzw. BIP) abzunehmen. Der zukunftsfähige Blick im Vulkanland stellt **langfristige Lebensqualität** für die Gemeinschaft als Richtschnur in den Mittelpunkt. Sie gilt es zu erreichen, damit auch die Kinder & Enkel einen vitalen und schönen Lebens- und Wirtschaftsraum erben können.

„Heute erfordert die Entwicklung im Vulkanland (und ebenso weltweit) insbesondere die Kultivierung jedes Einzelnen zur gelebten Menschlichkeit."

Wir müssen im Rahmen der **globalen Tragfähigkeit der Ökosysteme** eine intelligente Art von Gesellschaft und Wirtschaft betreiben, die nur durch Bewusstsein und kultivierte Taten erreichbar ist.

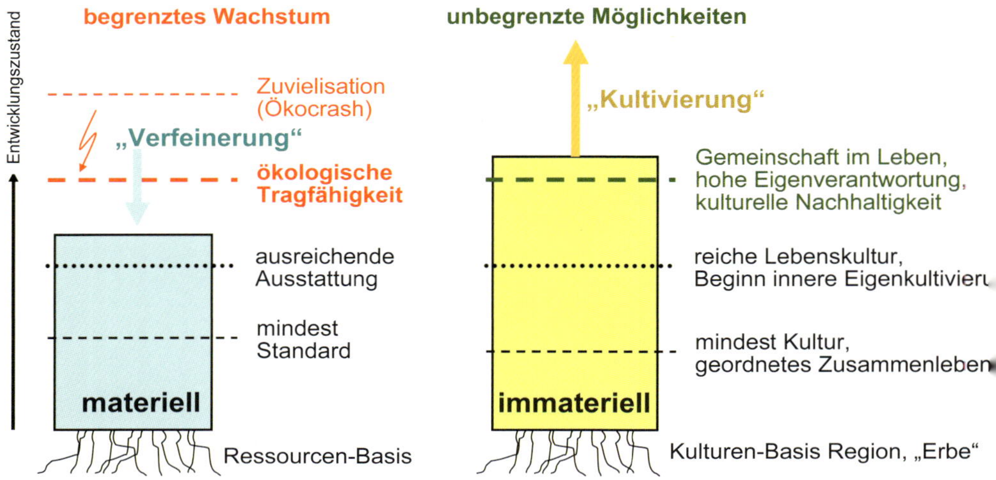

Ziel unserer Entwicklung: notwendige materielle Verfeinerung und steigernde immaterielle Kultivierung.

Maximierung der Lebensqualität und Zukunftsfähigkeit im Rahmen der ökologischen Verträglichkeit muss weltweit zum Ziel werden. Fangen wir im Vulkanland damit an!
Die Kunst sich selbst und das Zusammenleben zu kultivieren ist Lebenskultur. Die Entwicklung zur höheren Lebenskultur hat eine Verfeinerung des Lebensstils zur Folge. Über die Bewusstmachung von Wirkungen lernt man seine Handlungen anzupassen und für das gemeinsame Wohl zu optimieren. Mit geringster Ressourcenbeanspruchung wollen wir eine **maximale Lebensqualität** für uns, unsere Mitmenschen und unsere Mitwelt erreichen. Dies führt in eine äußerst menschliche und dadurch höchst nachhaltige Zukunft.

Nachhaltige Energie

Kultivierung

Biologisch

Wie bei einem Gebäude das Zusammenleben im Haus und die Innenausstattung über das Wohlfühlen entscheidet, so ist es auch beim Menschen. Die Lebenskultur wird vom Baumeister nicht mitgeliefert, sie muss erst durch die Familie erarbeitet werden.

So kommen wir zum Schluss, dass Zukunftsfähigkeit nur dann erreichbar sein wird, wenn

- die Mehrheit einer Region sich für Menschlichkeit und Kultivierung der Gemeinschaft (inklusive „Eine Welt" Partnerschaften) interessiert und engagiert;
- aus der Vision „Kultivierung zur Menschlichkeit" heraus die Gemeinschaft geleitet wird (das hat großes Gemeinwohl zur Folge);
- Mutter Natur als (Entwicklungs-)Partnerin anerkannt, geschont und geschätzt wird;
- Technologie, Wirtschaft & Co ihren Platz in der Werkzeugkiste der Verfeinerung bekommen – sie sind Dienstleister der Gemeinschaft, die über ihren sinnvollen Einsatz zu entscheiden hat.

„Ohne kulturelle, weiche Standortfaktoren, ohne eine wertvolle Lebenskultur gibt es keine langfristige (Wirtschafts-)Entwicklung. Ohne Menschlichkeit keine Zukunftsfähigkeit."

Globale Verantwortung

Verteilung von Wohlstand, Ressourcen und Lebensqualität, Partnerregionen, lokale und globale Verantwortung, (Jugend-)Austausch.

Wir sind **materiell wahnsinnig reich.** Wir sind privilegiert - selbst der „ärmste Schlucker" bei uns, hat viel mehr als 97% aller lebenden Menschen auf der Welt! Was wir für „normal" (sauberes Trinkwasser, ausreichend Nahrung oder auch die Bildung) betrachten, ist für viele Menschen unserer Erde kaum bis gar nicht vorstellbar. 92% aller Menschen, das sind 6.400 Millionen, leben von weniger als 1€ pro Tag. Wir leben auf einer Welt, auf der es eigentlich drei Welten gibt. Die Kluft zwischen „armen" und „reichen" Ländern wird immer größer, die „Reichen" nehmen vielfach den „Armen" sprichwörtlich die Luft zum Atmen und das Wasser zum

„Für die eigene Entfaltung ist die Beschäftigung mit anderen Kulturen von unschätzbarem Wert!"

Bildungsaustausch

Kulturen erleben

Gemeinsam feiern

Partnerschaft Urkunde

Unser Bekenntnis

Zu Independencia/Bolivien
Rund 104.000 Vulkanländer stehen 30.000 Bürgern in Bolivien gegenüber. Vertreter beider Regionen besiegelten eine Entwicklungspartnerschaft für eine neue Zukunft in Independencia. Das Vulkanland nimmt nicht nur seine regionale, sondern auch globale Verantwortung wahr. Die Vermittlung von regionalen Kenntnissen und Prozesswissen zur Regionalentwicklung stehen dabei im Zentrum.

Independencia in Cochabamba/ Bolivien

Das Steirische Vulkanland
übernimmt auch globale Verantwortung

„In tiefer Verbundenheit der Region Steirisches Vulkanland, Österreich mit der Region Independencia, Bolivien ist die Figur des Blumepflückers Symbol einer Partnerschaft, die kulturelle und wirtschaftliche Entwicklung der Region Independencia, insbesondere im Bereich der nachhaltigen Regionalentwicklung, zu fördern."

Kunst und Lebenskultur verbinden Welten und Lebensräume.

Trinken. Unsere materiell-technische „Verbundenheit" ist weltweit in den letzten drei Jahrzehnten extrem gestiegen: Warenströme, Rohstoffe, Urlaube, Bilder in den Nachrichten. CO_2-Anstieg, Ozonloch, Artensterben oder Giftmüllexporte. Die Medien und Flugzeuge haben uns gezeigt, dass alles nur wenige Stunden auseinander liegt. Heute braucht die globale Vernetzung eine ebensolche **globale Verantwortung** – denn in Wahrheit „blutet" Mutter Erde. Viele Menschen beteiligen sich daher heute Gott sei Dank an Spendenaufrufen, setzen ihre Kraft in Entwicklungsprojekten weltweit ein, haben sich in Mikrokreditsystemen engagiert, Lehr- oder Lernpatenschaften von Kindern & Jugendlichen übernommen, führen Benefiz-Veranstaltungen durch bzw. nehmen daran teil oder versuchen sich in Fair-Trade Kooperationen (z.B. Eine Welt Laden) für den Austausch lokaler Erzeugnisse.

Auch das Vulkanland bekennt sich zur **Weltfamilie** und hat seit einigen Jahren Kooperationen mit Partnerregionen in Bolivien, Polen, Slowenien, Ungarn, Kroatien, Italien und Deutschland offiziell ins Leben gerufen, um die globalen Herausforderungen anzunehmen und gleichzeitig der globalen

Kulturenaustausch und grenzübergreifende Kooperationen bei JMB Fashion in Rohr/Raab.

Verantwortung bewusst gegenüber zu treten. Hier entsteht Nachbarschaftshilfe weltweit. Und damit fassen wir Gemeinwohlkultur weiter. Auch bei den weltumspannenden Partnerschaften ist uns die Entwicklung der immateriellen Rahmenbedingungen besonders wichtig, weil diese zur Zukunftsfähigkeit führen. Gelebte Menschlichkeit in Kombination mit einem achtsamen Umgang mit Mutter Natur bildet den Grundstock für einen Wohlstand innerhalb der Grenzen der Tragfähigkeit unserer gemeinsamen Welt. Gemeinsam sind wir auf dem Weg zu neuer Lebensqualität auf unserem Raumschiff Erde. Beteiligen wir uns aktiv am Kulturaustausch, nutzen wir besondere Erzeugnisse

„Im Grunde sind es immer die Verbindungen mit Menschen, die dem Leben seinen Wert geben."

Tun und Dabeisein

Spiritualität

Seelische Verbundenheit

mit Fair Trade Gütesiegel oder aus dem Eine Welt Laden. Nutzen wir die Möglichkeit, ein fremdes Land am anderen Ende der Welt fern ab von Urlaubsidyllen kennen zu lernen (in Form von Einsätzen, Schüler- oder Studentenaustausch, Zivildienst, freiwilligem sozialen Jahr oder auch als Au-pair). Schätzen wir den Austausch mit Trägern fremder Kulturen, die bei uns leben.

Globale Partnerschaften und ein **gelebter Kulturaustausch** bringen neue Freundschaften mit sich, das Kennenlernen neuer Kulturen und Lebensfreude, Verminderung des Leids, höheres Verständnis für die Bedeutung einer gemeinsamen Welt und nicht zuletzt auch weniger Angst vor dem Fremden und Unbekannten. Anstatt in Aktien zu investieren und das Geld dem freien Spiel der rücksichtslosen Ausbeutung zu überlassen, nutzen wir die Möglichkeit, an Mikrokreditsystemen teilzunehmen, um damit den **Aufbau von Kleingewerben** oder fast verloren gegangenen Hausmanufakturen zu fördern. Vertrauen wir in die Initiative jener, die auf eingebettete Eigenversorgung und Regionalwirtschaften in den Regionen der Welt setzen. Damit die europäische Kultur nicht als „Geiz-ist-geil"-Kultur in die Geschichte eingeht, müssen wir den Schwenk schaffen: von der Gewinn- zur **Sinnmaximierung**, vom Bruttoinlandsprodukt zum **Lebensqualitätsprodukt**, vom Einzelinteresse zum Gemeinwohl, vom „ich" zum **„wir"**, von der Kurzsichtigkeit zur **Zukunftsfähigkeit**. So wirken Entwicklungspartnerschaften nachhaltig:

Tracht, Schmuck & Musik definieren die Herkunft.

Musiker aus Bolivien

Kunstaktion Brot für die Welt

- freiwillige Verteilung von Wohlstand stärkt ausgebeutete Regionen in ihrer eigenständigen Entwicklung; sinkender Migrationsdruck und aktive Friedenssicherung; Verminderung des Leids, steigende globale Ausgeglichenheit
- höheres interkulturelles Verständnis, besserer Kultur- und Wissensaustausch; weniger Angst vor dem Fremden durch Wissen um die eigene Lebenskultur, internationale Freundschaften; Freude und steigendes Gefühl für die globale Gemeinschaft

Jedes Land, jeder Kulturraum bietet hier eine Vielzahl von Inspirationen & Impulsen & Vielfalt – tauschen wir uns aus, werden wir EINE WELT.

Chöre & Singkreise

Der gemeinschaftsfördernde Aspekt unterstreicht die Wichtigkeit der Inwertsetzung der Chöre und Singkreise.

Unsere ausgeprägte Vor-Ort-Kultur, Feste und Feiern sind Ausdruck lebendiger Volks- bzw. Lebenskultur. Kultur formt die Menschen. Besonders jene Formen von ihr, die alltäglich bzw. oft praktiziert werden. Dazu zählen vor allem auch das Singen und Musizieren in Gemeinschaft. Das Vulkanland weist eine unglaubliche Vielfalt von wertvollen kulturellen Tätigkeiten und Kreativität auf, welche uns zur kulturellen Großmacht gemacht haben: **Über 110 Chöre und Singkreise** sind Zeichen dieser vielfältigen vokalen Kultur, die oft schon in Familien und Schulen beginnt – gefördert von weitsichtigen Eltern & engagierten LehrerInnen.

Die Summe an Chören und Singkreisen bietet dem Publikum ein großar-

Gemeinschaft

Atmung und Rhythmus

Klang und Ausdruck

CHOR
FESTIVAL
IM STEIRISCHEN VULKANLAND

Im Klangkörper wird der Chor eins mit der Harmonie. Es wurde festgestellt, dass sich der Rhythmus der Herzen angleicht.

tiges und abwechslungsreiches Programm über das Jahr. Den **Sängerinnen und Sängern** wiederum bietet das Singen viele Möglichkeiten und positive Wirkungen: z.B. die eigene Gesundheit und Intelligenz zu fördern. Bewusste Atmung, klarer sprachlicher Ausdruck und die Vernetzung der Gehirnhälften (gelesene Noten & Texte werden in Klänge umgesetzt) tragen dazu bei. Singen hält bis ins hohe Alter fit!

Wer singt, tut nicht nur seinem Körper etwas Gutes, er nutzt die Stimme & die **Gemeinschaft** auch als Seelennahrung. Gesang in seinen unterschiedlichsten Formen ist Ausdrucks- und Gestaltungskraft, sowohl für das Individuum (der einzelne Mensch) als auch für eine Gruppe. Chöre und Singkreise haben nachweislich besonders positive Auswirkungen auf die Gemeinschaft, welche dadurch gefordert und gefördert wird. Die unterschiedliche Literatur (z.B. Polka, Gospels, Latin, Indisch, Jazz, Walzer) verbindet uns auch weltweit mit Kulturen und stärkt so die Weltenseele. Gesang ist eine Ausdrucks- und Gestaltungskraft. All diese Aspekte zeigen **den hohen Wert** gemeinsamen Singens. In jeder Familie, in jedem Dorf und vor allem in jeder Schule & in jedem Seniorenheim sollte Gesang daher auf der Tagesordnung stehen (vor allem, weil das „Instrument Stimme" jederzeit einsatzbereit ist).

„Wer singt, stärkt nicht nur seinen Körper, er lernt seine Gefühle zu reinigen, sowie den Klang der Stimme als Seelennahrung zu nutzen."

Nahezu sämtliche Chöre & Singkreise im Vulkanland

Musikgenuss für Augen, Herz und Ohren.

setzen sich aus ehrenamtlich Mitwirkenden zusammen, die in ihrer Freizeit einstudieren & proben, um andere Menschen bei Zeremonien oder Feiern zu begleiten und Freude zu bereiten. Musik macht den festlichen Rahmen. Chöre und Singkreise beleben und **bereichern das kulturelle Leben** im Vulkanland. Sie sind Mitgestalter in der Liturgie (Messen, Begräbnisse, Taufen, Hochzeiten, etc.), gestalten Feierlichkeiten und Konzerte. Das ist keine Selbstverständlichkeit, würdigen wir immer wieder dieses Engagement – besonders auch jener Menschen, die leitend tätig sind und massiv Zeit in die Gemeinschaft investieren.

Neben der offenen Wertschätzung und Achtung der vielfältigen vokalen Kultur (durch unsere Teilnahme an Veranstaltungen und unsere motivierende Ansprache) ist es

Vulkanland Chorfestival

Musik und Stimme

Liturgische Gestaltung

von großer Bedeutung, Kreativität und Kultur zu Hause auszuüben bzw. sich aktiv an Chören oder Singkreisen zu beteiligen. Singen wir mit unseren **Kindern**, tradieren wir dabei unser typisches Lied- & Sprachgut. Gönnen wir ihnen die Erfahrung, was Harmonie und gemeinsamer Klang bewirken, und wie sich Gemeinschaft anfühlt. Dieser Samen ist für alle Seelen wertvoll.

Mit der Vernetzung der Chöre & Singkreise im Steirischen Vulkanland (vgl. **www.chorgesang.vulkanland.at**) haben wir eine Plattform geschaffen, bei der sich Chöre und Singkreise austauschen und interessierte Bürgerinnen & Bürger über Neuigkeiten, Gruppen & deren Auftritte informieren können. Zusätzlich bietet sich die Möglichkeit, Gruppen quer durch die Region für Feiern oder Festakte zu engagieren.

Die Vielfältigkeit unserer Gesangskultur reicht vom Singen authentischer Volkslieder, dem vierstimmigen Gesang, bis zu professionellen Aufführungen mit Orchester, Orgel oder Solisten.

Das gemeinsame **Chorfestival** ist zum Höhepunkt der Gemeinschaft der SängerInnen im Vulkanland geworden. Bereits 2011 trafen sich 28 Chöre mit über 600 SängerInnen und 1.500 BesucherInnen zu diesem Fest in Klöch. Die Vielfalt an Gruppen, Literatur (Liedgut) und Präsentationen war beeindruckend. 2012 haben ganze 40 Chöre und Singkreise Gnas vokal verzaubert!

Arbeiten wir weiter am Image unserer Gesangskultur und begeistern wir Menschen zum Mitmachen – singen kultiviert!

Wertschätzung

Kinder einbeziehen

Ohrenschmaus

Theaterkultur

Die Theaterschaffenden der Region prägen die Lebenskultur des Steirischen Vulkanlandes wesentlich mit.

Bei uns „wimmelt es geradezu" von Laienbühnen, Bauerntheatern, Faschingsblödlern, Kabarettisten, Aktionskünstlern, Musicalproduktionen und Schulaufführungen. Unzählige Laiendarsteller schaffen es, ihre Gäste zu verzaubern, zu begeistern, zum Lachen und zum Weinen zu bringen. Über 55 Bühnen mit einer Vielzahl an Laienschauspielern und oft ebenso vielen Helfern quer durch die Region sind Zeichen einer wertvollen Kreativität und wachsenden Lebenskultur. **Über 1.500 Menschen** sind Jahr für Jahr an der Inszenierung beteiligt – wir sind eine Theaterhochburg und ein Kulturzentrum.

Die Theaterkultur im Vulkanland ist Identitätsträger, sie hat eine wertvolle Strahlkraft auf die Gemeinschaft – sie för-

Schmäh und Freude

Bühnenshow

Lehrreiche Geschichten

Es erfordert großen Einsatz, ein Theaterstück auf die Bühne zu zaubern. Bis zu 2 Arbeitsjahre werden von den ehrenamtlichen Helfern und Darstellern in Summe investiert. Über den Kauf von Produkten der Regionalwirtschaft schaffen sie ca. 30 Arbeitsstellen im Vulkanland.

dert und fordert die Gemeinschaft. Theaterbühnen gehören vielerorts zur Tradition in Gemeinden und Dörfern. Wir können stolz auf soviel Raum für Entfaltung sein. Der Wert des gemeinsamen Spielens ist ein unbezahlbarer, denn es stärkt neben der Gemeinschaft auch individuelle Talente und Fähigkeiten.

Die unzähligen Laiendarsteller, Regisseure, Bühnenbildner, Ton- und Lichttechniker stecken ihre wertvolle Freizeit und viel **Herzblut** in ihre **Leidenschaft**, das Theater. Mit unserem Besuch von Veranstaltungen & Angeboten lernen wir die vielfältige Kunst- & Kulturszene kennen und die Beteiligten erfahren Wertschätzung & Würdigung ihrer Kulturarbeit. Der Besuch einer Veranstaltung schärft nicht nur den Blick auf die eigene Lebenskultur, sie stärkt auch unsere Identität und Verbundenheit. Wir erleben Lebenskultur hautnah mit.

„Das Netzwerk der „Vereinigten Theaterbühnen Steirisches Vulkanland" zeigt die großartige Vielfalt vor Ort."

Das **Netzwerk der Vereinigten Theaterbühnen Steirisches Vulkanland** wurde 2009 aus der Taufe gehoben und zeigt Jahr für Jahr großartige Vielfalt. Auf dem gemeinsamen Portal www.theater.vulkanland.at werden die Bühnen, ihre Stücke und die Spieltermine präsentiert. So ist der Spielplan einer breiten Öffentlichkeit zugänglich und Sichtbarkeit & Stärke werden dadurch deutlich. In Relation zur Bevölkerung haben wir rund die dreifache Bühnendichte von Graz. Unsere vielfältigen Theaterbühnen

Die Theaterschaffenden sind Träger der Identität, fördern und fordern die Gemeinschaft und finden unter dem Netzwerk „Vereinigte Theaterbühnen im Vulkanland" größere Beachtung.

MUNDART

Goethe schreibt „beim Dialekt fängt die gesprochene Sprache an." Stücke in Mundart ziehen Besucher auf besondere Art und Weise in ihren Bann. Und sie helfen das ortstypische Sprachgut weiter zu geben. Die Inhalte unserer Sprache spannen die Räume unserer Weltsicht auf. Unter www.mundart.vulkanland.at - dem online Dialekt-Wörterbuch des Steirischen Vulkanlandes – sind viele typische Begriffe aus unserem Lebensraum zu finden.

Dialektplattform: **www.mundart.vulkanland.at**

verdienen als wesentliche Kulturträger öffentliche Anerkennung und Aufmerksamkeit. Die steigende Vernetzung eröffnet Kooperationspotenziale, kontinuierliche Qualitätssteigerung, sowie neue Möglichkeiten: Schließlich waren die Vereinigten Theaterbühnen der Auslöser für das „Programmheft Lebenskultur", in dem sich heute Theater, Chöre, Orgelklang, Blasmusik und Festkultur gemeinsam präsentieren. Von immer weiter weg kommen die Menschen, um die Inszenierungen zu genießen.

Neben Theatergruppen und -bühnen in Gemeinden spielen auch Musicalproduktionen und Aufführungen in **Schulen sowie Kindergärten** eine wertvolle Rolle in der „vulkanischen Lebenskultur". Danken wir LehrerInnen herzlich für diese Möglichkeiten! Schüler und Kindergartenkinder

Komik

Abenteuer

Spielerisch

Für Kinder ist das Stehen auf den „Brettern der Welt" ein riesiger Gewinn für Selbstvertrauen und Eigenwert! Ein Dankeschön an alle, die Schul- bzw. Jugendaufführungen ermöglichen!

lernen dabei neben den typischen „schulischen Pflichten" ihre kreative Ader kennen und können diese auch ausleben & stärken. Kinder schlüpfen spielerisch und natürlich in verschiedene Rollen, entdecken dabei ihre **Talente** und gewinnen unglaublich an **Selbstwert** – stehen sie doch auf „den Brettern, die die Welt bedeuten".

Die Bühne ist jener geheimnisvolle Ort, an dem die Lust, die Freude, die Fülle aber auch das Leid und die Tragik, das menschliche Sein, durch die Kraft des Spiels gleichsam aus dem Nichts entsteht. Ein Ort der Sinne, hingewandt zu den Menschen, für die das Geschehen auf der Bühne zum Erlebnis wird - hautnah und intensiv.

Die ehrenamtlichen Theatergruppenleiter und Regisseure schaffen es, oft versteckte Talente aus den Schauspielern zu holen, die Schauspieler selbst lernen, sich in neue Rollen, Geschichten und Lebenspraktiken einzufühlen & hineinzuversetzen. Das Ausprobieren von Rollen und deren Wirkung(en) trägt damit vielfach zur eigenen, persönlichen Entwicklung bzw. Identitätsstärkung bei. Bei den Proben und auf der Bühne **reift der Charakter.** Alle lernen schlussendlich an Geschichten und (im Zeitraffer) dargestellten Lebensprozessen. Lebensläufe lehren tiefe Einsichten. Wirken & lernen wir mit! Bieten wir gemeinschaftlicher Lebenskultur Platz!

Voller Einsatz

Blasmusikkapellen

Die Bezirksmusikertreffen zeigen einem breiten Publikum die vielfältigen und hochwertigen Qualitäten der Musiker.

Im Vulkanland gibt es 38 äußerst aktive Musikvereine bzw. Musikkapellen. Auch hier sind, wie bei den Chören & Singkreisen, ca. **2.200 MusikerInnen** ehrenamtlich das ganze Jahr über im Einsatz. Gemeinsam gestalten sie fast 1.700 Konzerte, Veranstaltungen, Musikfeste, kirchliche Feste, öffentliche Anlässe, Begräbnisse bzw. sonstige Ausrückungen & Ständchen bei besonderen Feierlichkeiten. Auch hier zeigt sich unsere kulturelle Großmachtstellung – mit 38 Blasmusikkapellen und über 100 Ensembles wird neben einem vielfältigen musikalischen Angebot ein intensiver Zugang zur Musik & zum selber Musizieren geschaffen, wodurch sowohl die individuelle als auch die gemeinschaftliche Lebenskultur gestärkt werden.

Würdiger Rahmen

Kompetente Leitung

Vielfältige Musikrichtungen

BEZIRKSMUSIKER-TREFFEN

Die Bezirksmusikertreffen zeigen dem Publikum die vielfältigen und hochwertigen Qualitäten unserer Musiker. Die gespielte Literatur reicht vom traditionellen Marsch, der modischen Unterhaltungsmusik, Avantgarde bis zu selbstkomponierten Werken. Die Musikertreffen sind einen Besuch wert!

Rund 2.200 MusikerInnen gestalten im Vulkanland Jahr für Jahr ehrenamtlich die festlichen Höhepunkte.

Unsere Festkultur ist Ausdruck unserer Lebenskultur. Blasmusikkapellen blicken auf eine gewachsene Tradition zurück, sind Beispiel & Vorbild einer **lebendigen Identität** und bereichern unsere Kulturszene. Zeremonien, Festakte und Veranstaltungen werden von Blasmusikkapellen & Ensembles umrahmt, wobei diese zur immateriellen Kultivierung beitragen und die Feierlichkeit erst richtig festlich machen – nicht zuletzt auch durch ihre Formation, Instrumenten-Vielfalt und besondere Tracht.

Neben der musikalischen Umrahmung von Veranstaltungen oder Zeremonien haben Blasmusikkapellen auch enormen Wert für die Jugend- und Erwachsenenbildung. Rund **1.200 Jugendliche** stehen bei den Kapellen in praxisnaher Ausbildung. Und diese macht umso mehr Spaß, als das Gelernte dann auch gleich im gemeinsamen Ensemblespiel angewendet werden kann. Jugendliche und Erwachsene entwickeln ihre musikalischen Talente & Fähigkeiten in den Kapellen weiter und sorgen so zur Aufrechterhaltung der Gruppen, Marsch- & Stück-Tradition. Musikkapellen verbinden Generationen! Das Blasmusikwesen bestimmt neben sportlichen Aktivitäten das Freizeitverhalten der Menschen erheblich mit. Musikkapellen vermitteln nicht nur den Jugendlichen, sondern all ihren Mitgliedern den Wert des **gemeinsamen Musizierens**.

„Die musikalische Ausbildung und die gelebte Gemeinschaft in den Kapellen sind für die Jugendlichen unschätzbar wertvoll."

Neben den freiwilligen Feuerwehren sind die Musikkapellen die bestorganisierten Gemeinschaften in der Region. In perfekter Aufgabenteilung investieren sie ehrenamtlich über den Jahreskreis ca. 550.000 Stunden ihrer Freizeit!

In Gemeinschaft macht musizieren Spaß. Unsere Kapellen bilden und leben gemeinsame Werte. Unsere Trachten- und Blasmusikkapellen bieten gerade Kindern und Jugendlichen die Chance, von der Strahlkraft der Gemeinschaft zu profitieren, um dadurch die eigenen Talente & Fähigkeiten weiter zu schärfen. Viele Spitzenmusiker haben sich aus den Reihen unserer Musikkapellen etabliert.

Und unsere Kapellen „schlagen" sich erfolgreich in Landes- und **Bundeswettbewerben**. Zum Beispiel erreichte die Trachtenmusikkapelle Ottendorf seit dem Jahr 2002 siebenmal in Folge bei den Marschmusikbewertungen in der Höchststufe „E" mit Showprogramm einen ausgezeichneten Erfolg. Der Siegertitel beim 3. Bundeswettbewerb „Musik in Bewegung" ging

Hohes Niveau

Hervorragende Musiker

Festbegleitung

Die Bezirksmusikertreffen zeigen einem breiten Publikum die vielfältigen und hochwertigen Qualitäten unserer Musiker.

mit 91,31 (ausgezeichneter Erfolg) an Ottendorf und somit 2011 erstmalig in die Steiermark.
Es ist unsere Pflicht, unsere Traditionen an die nächsten Generationen weiterzugeben und sie in unser Schaffen einzubinden. Und es ist eine Herausforderung, unsere Musiker von morgen für gemeinsame Visionen zu begeistern. Ein großes Vorbild ist in dieser Hinsicht der Musikverein Breitenfeld, der 2010 **das Werk „Terra Vulcania"** - komponiert von Otto M. Schwarz – initiierte und selbst uraufführte. Der Musikverein sieht sich als große Familie, die eines der schönsten Hobbys der Welt verbindet – die Leidenschaft zur Musik. Unterstützen wir diesen Hang zum Schönen & zur Resonanz. Blasmusikkapellen und Ensembles sind Ausdruck wertvoller Lebenskultur.
In diesem Sinne helfen wir unseren Kindern & Jugendlichen ihre **musischen Talente** zu entdecken. Motivieren und unterstützen wir sie, Musikstunden zu nehmen, zu üben und sich in Ensembles zu engagieren. Die Unterstützung seitens der Eltern, Verwandten und Freunden ist wichtig – ebenso die Dankbarkeit zwischen Eltern und MusiklehrerInnen. Kreativität und Inspiration sind wichtige Säulen der Kultivierung. Und besonders die Musik ist fähig, die seelischen Verbindungen durch das gemeinsame Musizieren zu stärken.

Traditionelle Begrüßung

Gemeinschaft mit dem Lebensraum

Themenfelder

Flora & Fauna, Gesteine & Erden

Heilquellen, Luftqualität & Boden, Tiere & Pflanzen

Landschaft & Brauchtum

Vielfältige Landschaft; Charakterstarke Jahreszeiten; Brauchtum gibt Rhythmus

Landschaft, Baukultur & Ökologie

Land- und forstwirtschaftliche Fähigkeiten; Baukultur und Gärten, Häuser, Orte; Ökologischer Fußabdruck

Fast mutet es banal an, dem Raum ein Kapitel zu widmen. Mit den steigenden **Raumansprüchen** des Menschen wächst jedoch der Druck auf die anderen Lebensformen, mit denen wir den Raum teilen. Das Leben entfaltet sich in Räumen. Wir alle kennen vitale Ökosysteme, in denen ganze Universen an Arten teilhaben. Von der Natur wissen wir, dass ein artenreiches & effektives Ökosystem sich durch seine Vielfalt und innere Verschachtelung auszeichnet. Der Regenwald z.B. „kultiviert“ sich in ganzen Stockwerken der Fülle. Dort bilden Boden, Pflanzen, Pilze, Tiere, Wasser und Luft eine Einheit.

„Der Wert unseres gemeinsamen Lebensraums Vulkanland steigt allein durch unser Denken, Wollen und Tun.“

Ein wirklich reifes Lebewesen erkennt man nicht daran, wie viel Raum es für sich beansprucht – sondern daran, wie geschickt ver-

INS LAND „EINISCHAU`N"

An vielen Stellen auf den Spuren der Vulkane trifft man auf Sichtfenster und Ausblickspunkte, an denen Tafeln Aufschluss über die Geographie und das Gesehene geben. Dörfer, Riednamen und Berge sind angeführt und ihre Entfernung dargestellt.

Das Steirische Vulkanland wurde über Jahrmillionen durch Vulkanismus zu einer einzigartigen Hügellandschaft geformt.

netzt & integriert es durch Teilhaben und die Nutzung bislang brach liegender Ressourcen das Ganze mit **Mehrwert** ausstattet. Das zeigt das großartige Vorbild der nachhaltigen Natur. Sie ist unser Vorbild für Zukunftsfähigkeit und für Entwicklung innerhalb der Tragfähigkeit.
Wenn wir uns mit der Zukunftsfähigkeit auseinander setzen, widmen wir uns bewusst dem Raum. Jedes Bild, jede Vorstellung oder jedes Vorhaben findet seine Form. Wie eine „Fläche" bzw. die 1.280 km² Vulkanland aussehen, verrät viel über unsere Kultur und unser kulturelles Erbe. Die Landschaft, wie sie heute vorliegt, wurde über zig Generationen gestaltet und möbliert. Morphologie, Geologie, Naturenergien, Wegenetz, Siedlungen, Kulturarten, Ernährungsgewohnheiten, Ressourcenvorkommen, Baukultur, Aussichten, Ideen, etc. haben sie zu der Kulturlandschaft gemacht, die wir kennen. Wir prägen den Raum und der Raum ordnet uns.
In den letzten Jahren hat unser Lebensraum wieder Bedeutung erlangt. Früher wohnten wir im „letzten Winkel der Welt", dem Grenzland, mit „viel Gegend", wo „tote Hose" war. Heute erlangen wir einen liebevollen Blick für unsere Umgebung. Die neue Wertschätzung unseres Lebensraumes macht die „Bühne Vulkanland" mit jedem Jahr wertvoller. Vom Vulkanismus geformt und von beseelten Menschen über Jahrhunderte kultiviert präsentiert sich unsere Landschaft heute voll Pracht. Das wertvollste Geschenk von Mutter Erde ist unser Lebensraum. Unser materieller Wohlstand, unsere Vitalität, wie unsere **Mentalität** hängen davon ab. Der Lebensraum wurde uns nicht nackt geschenkt, sondern voller Pflanzen, Tiere, Pilze, Erde, Gesteine, die wiederum in Gemeinschaften und Klimatopen

Auf Schritt und Tritt entdecken wir im Vulkanland neue Ansichten und Aussichten. Die Schönheit lädt uns einfach zum Genießen und Verweilen ein.

miteinander strukturiert & verwoben sind. Dieses Geschenk birgt noch viele unentdeckte Schätze und unendlich große Möglichkeiten. Unmittelbar und praktisch direkt vor der Haustür. Mit steigender Achtsamkeit für diese unmittelbaren Geschenke wächst unsere Zuneigung zur Landschaft und dadurch unser Zugang zu & Respekt vor ihr. Die Liebe geht durch den Magen. Kulinarisches erhält die Landschaft mit Geschmack – was wir essen und wo wir kaufen ist bedeutsam! Die offene, sanft geschwungene Landschaft (mit Wiesen, Äckern, Bächen, Teichen, Auen, Streuobstbeständen, Mischwäldern,...) und deren besondere Elemente

„Die steigende Menschlichkeit führt automatisch zu einem tieferen Ökologieverständnis und zur Liebeserklärung an Mutter Erde!"

Erlebnispunkte

Geschmackvolle Landschaft

Aussichtspunkte

LEBENSRAUM UND JAHRESZEITEN

Unser Lebensraum ist vom Vulkanismus geformt und von beseelten Menschen über Jahrhunderte kultiviert worden. Eine Kulturlandschaft mit besonderen Reizen, ein Raum mit hochwertigster Möblierung und Ästhetik, der sich über die Jahreszeiten neu kleidet.

(heilende Wässer, schonendes Klima, geomantische Organe), sowie die landschaftsprägenden Zeichen (charakteristische Bauwerke der Kirche, des Adels, der Bürger und des Bauerntums) sind Ausdruck der Vielfalt und Weite, die unsere Seele prägen. Unsere Wurzeln wachsen wieder tiefer. Wir achten das Ursprüngliche, den **Rhythmus der Jahreszeiten** und ihre Gestaltung, wie sie sich in lebendiger Tradition & prägenden Jahreszeiten wiederfinden. So bekommt die Zukunft Herkunft und so erhält die Gegenwart Wurzeln & Takt.

Auf Vulkanerde gebaut

Das **Relief der Vulkane** wurde Symbol der erneuerten Identität im Vulkanland – weil unser vulkanischer Untergrund einzigartig in Österreich ist und weil die Region über eine besonders schöne & weibliche Landschaft verfügt. Die Kulturlandschaft ist klein strukturiert und besonders abwechslungsreich. Wir wollen das kulturelle Erbe mit den wesentlichen Elementen der Symphonie unserer Kulturlandschaft und deren besondere Arten schützen & weiterentwickeln. Als Mit-Schöpfer leben wir einen verantwortungsvollen Auftrag im Umgang mit unserer Kulturlandschaft.

Unsere reifende Lebenskultur äußert sich in einer vertieften **Baukultur,** die Vielfalt der Landschaftsbilder und die Schlichtheit, durch konzentrierte Formen und Proportionen, authentisches Material in harmonischer Farbgebung und ressourcenschonende Konstruktionen. Die Baukultur des Einzelnen verbindet sich zu einem harmonischen **Dorf- und Ortsbild**. Hier entsteht der Klang der Landschaft im Orchester seiner Teilnehmer. Erneut erkennen wir dieses gemeinsam erzeugte Bild als Kulturleistung der Superlative, der man generationenübergreifend Respekt zollen muss. Heute gilt es auf Grund der stark gestiegenen technischen Eingriffsmöglichkeiten sich zu beschränken und besser einzugliedern, bzw. durch die Verfeinerung bisher ungenutzte Möglichkeiten zu sehen.

Gesteine und Erden

Die Kraft der Vulkane hat das Steirische Vulkanland geformt und wunderschöne Spuren hinterlassen.

Selbst das Fundament unseres Lebensraumes, die Erdkruste mit diversen Mineralien, Gesteinen und Erden, ist etwas Besonders. An vielen Stellen ist unser Boden ein Produkt der vulkanischen Vergangenheit und gibt insbesondere den pflanzlichen Produkten (z.B. Weinen, Ölen, Gemüse) ihren sortentypischen Charakter. Gleichzeitig steht der Vulkanismus für Aufbruch und Erneuerung, zwei Aspekte, die seit Beginn der Vulkanlandgestaltung Bedeutung haben.

„Wie innen, so außen“, sagt der Volksmund. Im Buch „Aus der Tiefe der Vulkane – die Entstehung des Steirischen Vulkanlandes und seine Mineralien“ (siehe Buchtipp „Aus der Tiefe der Vulkane“) - wird der Beweis geführt, dass diese alte Weisheit stimmt. Nie wurde das Funda-

Nephelin, Stradner Kogel

Seltenheit: Kolbeckit

„Kapelle“, Orthopyroxen

WERTVOLLER
BUCHTIPP

Bestellung:
www.verlag.natan.at

Mikroskopisch kleine Mineralien von atemberaubender Schönheit finden sich im Vulkanland.

ment des Steirischen Vulkanlandes reizvoller und tiefgehender dargestellt. Die Schönheit der Region wächst im vulkanischen Inneren der Erde. Der Reiz des Lebensraumes setzt sich im Kleinen, in der inneren Struktur der Region – in „Micromounts", fort.

Diese reizvolle Landschaft in der vulkanischen Kristallstruktur wiederzuentdecken ist eine wahrlich herrliche Erkenntnis und Inspiration. Lange Zeit blieb dieser Reiz im Verborgenen. Unter dem Mikroskop machten ihn leidenschaftliche Mineralogen sichtbar und präsentieren Mineralien in atemberaubender Ästhetik & Anmut.

„Mikroskopisch kleine Mineralien von atemberaubender Schönheit finden sich im Vulkanland"

Das Steirische Vulkanland ist reich an wertvollen Mineralien und typischen Gesteinen. Sie sind die Bausteine unseres Lebensraumes: Basalt und Basalttuffe (aus der 2. vulkanischen Phase vor ca. 2 Mio. Jahren, z.B. der Stradner Kogel und der Königsberg), Trachyte bzw. miozäne Vulka-

Feueropal, Gossendorf

Trattnerit, Stradner Kogel

Eine beeindruckende Felstformation stellt der Waltrafelsen in Jamm bei St. Anna am Aigen dar.

nite (aus der 1. vulkanischen Phase vor ca. 15 Mio. Jahren, siehe die Gleichenberger Kogel), Bentonit, Kalke aus den Riffen (als noch das Meer großteils das steirische Becken bedeckte), Sandsteine aus Maaren und natürlich viele Sedimente aus der Zeit zwischen den zwei Vulkanphasen und danach. Tief unten, unter den Füßen der Wanderer, schlummern die Zeugen einer bewegten Vergangenheit. Überall dort, wo der Mensch das vulkanische Gestein als wertvollen Rohstoff abbaut, treten diese Schätze für geübte Betrachter zu Tage. Erst die tiefere Beschäftigung bringt Licht in die schier unendliche Vielfalt der Strukturen, Formen und chemischen Verbindungen.

Der Vulkanismus war lange Zeit in Vergessenheit geraten. Das Potenzial der Region, der landschaftliche Reiz, die fruchtbare

Basalt als Arbeitsmaterial

Einzigartig: Klöchit

Leidenschaft: Mineralogie

Vielfalt und die Fähigkeiten der Menschen fanden kaum Beachtung. Die Achtung vor der eigenen Heimat und den eigenen Talenten ging fast verloren. Seit dem Jahr 2000 wurde der Vulkanismus zur treibenden Kraft der Wiederentdeckung des Unmittelbaren. Das Feuer der Erneuerung loderte in den Herzen der Bürger aufs Neue auf. Die Region ging mit Beharrlichkeit den Weg vom Grenzland hin zum Steirischen Vulkanland. Wie sich die Erdkruste durch Vulkanismus erneuert und neue Gesteinsformen und Verbindungen schafft, so steht das Vulkanland heute in ganz Mitteleuropa für Erneuerung und innovative Gestaltung „von innen heraus". Diese Symbolik ist stark. Der Blick auf die eigene Region wandelte sich. Plötzlich wurde das Eigene wieder als wertvoll erkannt. Das Selbstgemachte ist heute gefragt. Das Große setzt sich aus der Vielfalt im Kleinen zusammen. Heute erfreut sich unser vulkanischer Untergrund großer Beliebtheit – in der Gartengestaltung, im Bauhandwerk und natürlich im exklusiven Handwerk. Die feurige Qualität der Vulkane findet in den Menschen der Region einen guten Nährboden. Mit Begeisterung und großer Innovationskraft haben die vielen fleißigen Hände diese Region über die Jahrhunderte zu einem besonderen Lebensraum gemacht. Der Basalt stärkt die Mitte des Menschen, die Mitte schenkt Selbstwert. Gleichzeitig wird besonderes Wasser aus dem Reich der Mineralien geboren. Das Wechselspiel der Elemente Feuer und Wasser ist im Vulkanland einzigartig. Das Wasser steht dabei für die Kraft und den Willen zur Wandlung. Das Feuer für den Geist und dessen Inspiration.

Die Riegersburg thront auf einem ehemaligen Vulkan.

Edler Basaltschmuck

Olivin, Kapfenstein

Heilquellen & Boden

Quellen, besondere Luftqualität und hohe Bodengüte bilden die Basis für das Leben und die Landwirtschaft.

Unsere Region wurde zuerst für ihre besonderen Quellen bekannt. Vom 17. Jahrhundert sind bereits Aufzeichnungen über die heilkräftigen Quellen im Raum Gleichenberg überliefert, gefolgt von Helfbrunn in Ratschendorf und dem Johannisbrunnen in Hof bei Straden, der 1810 zu Ehren Erzherzog Johanns neu getauft wurde. In den 70er Jahren des 20. Jahrhunderts erfolgte der zweite Bekanntheitsschub der wertvollen Wässer der Region, als nach erfolglosen Erdölbohrungen in der ganzen Oststeiermark der Thermenboom einsetzte. Der einzigartige geologische Untergrund im Vulkanland hat zu Heilquellen verschiedener Qualität geführt. Bis vor wenigen Jahrzehnten wurden diese Quellen mangels Medikamenten verehrt und regelmäßig genutzt. Die Inwertsetzung der natürlichen Heilkräfte macht uns diese Schätze des Vulkanlandes wieder bewusst. Diese Heilkraft hat keine Nebenwirkungen und wächst mit der Dankbarkeit & dem Vertrauen in das Wesen dieser wunderbaren Quellen. Die wichtigsten Heilquellen sind:

Kosmos Wiese

Gute Luft

BODENCHARTA

Download:
www.vulkanland.at

Vulkanismus und Sedimente haben vor Ort über Jahrtausende einen äußerst fruchtbaren Boden entstehen lassen. Dieses wertvolle Erbe gilt es durch zukunftsfähige Bewirtschaftung zu erhalten.

Johannisbrunnen in Hof bei Straden,
findet bei Erkrankungen der Leber, der Gallenblase, des Magens, der ableitenden Harnwege und Zuckerkrankheit Anwendung

Peterquelle in Deutsch Goritz,
wird angewendet zur unterstützenden Behandlung bei entzündlichen Erkrankungen des Magens, der Leber, der Gallenblase, des Darmes, bei Zuckerkrankheit und entzündlichen Krankheiten der Nieren, sowie Zuständen nach urologischen Operationen

Gleichenberger Quelle, Thermalquelle und Emmaquelle in Bad Gleichenberg;
Heilanzeigen bei Erkrankungen der Atemwege, Krankheiten des Herz- und Kreislaufsystems, Beschwerdebilder aus dem degenerativen und rheumatischen Formenkreis des Halte- und Stützapparates, kombinierte und isolierte Stoffwechselstörungen, Rehabilitation nach orthopädischen und neurologischen Affektionen, Nachbehandlung nach Schlaganfällen und dermatologische Indikationen (Schuppenflechte, Neurodermitis, Kinderkuren)

Ursulaquelle in Mettersdorf am Saßbach,
Trinkkuren sind angezeigt bei Gastritis, Darmträgheit, Gallenleiden, Anämien, Osteoporose, inhalatorisch bei chronischer Bronchitis, Erkrankungen der Atemwege, Kehlkopf- & Rachenentzündungen, Nebenhöhlenerkrankungen, sowie Bäder bei Hauterkrankungen, entzündlichem Rheumatismus und Gicht, Bandscheibenschäden

Das Wissen um den Umgang mit Wasser und Heilquellen ist ein immaterielles Erbe im Vulkanland. Die Nutzung und Wertschöpfung sind wichtig für Gesundheit und Regionalwirtschaft.

Radkersburger Stadtquelle und Thermalquelle Bad Radkersburg, Heilanzeigen für Nieren, Harnwege und Prostata; unterstützende Behandlung bei degenerativen Gelenks- und Wirbelsäulenerkrankungen, entzündlicher Rheumatismus, sowie Rehabilitation nach Operationen und Verletzungen an Gelenken, Sehnen, Knochen, Muskeln und Nerven

Tief durchatmen

Rosenquelle, Rohrbach, unterstützende Behandlung bei entzündlichen Erkrankungen der Nieren, der ableitenden Harnwege, bei Steinleiden, entzündlichen Magenerkrankungen und bei Übersäuerung des Magens indiziert

Besonderes Wasser

Sicheldorfer Josefsquelle in Sicheldorf, Indikationen zur Anwendung des Wassers sind Uratsteine, Magen- und Darmerkrankungen, Erkrankungen der Atemwege und Jodmangel

Helfbrunn bei Ratschendorf, Linderung bei Geschwüren und Augenleiden; innerlich wird das Wasser bei Erkrankungen der Innereien, wie Magen- & Darmerkrankungen angewendet

Ulrichsbrunn in Markt Hartmannsdorf,
vom Quellwasser erfährt man Linderung bei Augenerkrankungen, HNO-Beschwerden und bei Fieber

AbsolventInnen des Bodenschutzlehrganges aus dem Vulkanland. Unsere Bodenschutzbeauftragten stehen mit Rat und Tat zur Zukunftsfähigkeit.

Neben dem Wasser ist die **frische, reine Luft** für uns Menschen besonders wichtig. Wir wissen, dass wir keine drei Minuten ohne Atemzug überleben. In guter Luft ist hohe Vitalität (Prana, Telesma) vorhanden. Luft ist demnach eigentlich das Grundnahrungsmittel. Die Boden-, Wasser- und Luftqualität bilden die Basis des Lebens im Vulkanland. Ohne sie wäre es nur Raum.
Alarmstufe rot: Wo Böden unter Dünger-, Spritzmittel- und Chemikaliendruck ihre Lebendigkeit gelassen haben, wo Emissionen aus Verkehr und Heizungen das **Klima schädigen**, wo der Gestank tierischer Exkremente das Atmen erschwert, wo das Wasser aus keinem Bach und keiner Quelle mehr trinkbar ist – dort verlässt das Leben das Land und endet die Zukunftsfähigkeit.

Bodenbündnis europäischer Städte, Kreise und Gemeinden

European Land and Soil Alliance (ELSA)

Die **Region Steirisches Vulkanland** ist am **5. Juli 2012** dem Bodenbündnis europäischer Städte, Kreise und Gemeinden (ELSA) beigetreten.

Böden bilden eine zentrale Lebensgrundlage unseres Planeten. Die Region **Steirisches Vulkanland** ist sich dessen bewusst und fördert einen nachhaltigen Umgang mit Böden in ihrem Wirkungsbereich.

www.vulkanland.at

Anton Gangl (Vorsitzender Steirisches Vulkanland Region Südoststeiermark)

DI Christian Steiner (Vorstandsvorsitzender ELSA e. V.)

Franz Schleich (Vorsitzender Steirisches Vulkanland Region Südoststeiermark)

DI Martina Nagl (Vorstand ELSA e. V.)

Obmann Josef Ober (Vorsitzender-Stellvertreter Steirisches Vulkanland Region Südoststeiermark)

Die naturnahen Wälder und offenen Wasserflächen im Vulkanland hingegen wirken sich positiv auf die Luftqualität aus. Ebenso jegliche Emissionsvermeidung in Unternehmen, Haushalten und in der Landwirtschaft, durch Solarenergienutzung, kurze Transportwege, gutes Haushalten und ökologische Produktion.
Die Wassergüte ist eng an die Bewirtschaftungsart der Äcker & Wiesen geknüpft. Solange das Bodenleben floriert, geht's dem Grundwasser gut. Auch Sickerkörper sind als Ausgleich versiegelter Flächen für die Grundwasserneubildung wertvoll. Breite Austreifen sichern die Qualität unserer Bäche als Lebensadern der Landschaft und sind ein Refugium seltener Arten.

Tiere & Pflanzen

Artenreiche Flora und Fauna in der kleinräumigen Landschaftsstruktur des Steirischen Vulkanlandes.

Auch Pflanzen & Tiere schätzen das besondere Klima und die unikaten Böden unserer Region. Das Klima des Alpenvorlandes trifft hier auf das pannonische und illyrische Klima. Die Kleinteiligkeit und –räumigkeit schafft eine Vielzahl an Spezialzonen und Vergesellschaftungen. Das Wechselspiel zwischen Wiese, Hecke, Acker, Wald und Au ist dicht und lebendig.

Der Naturraum des Vulkanlandes liegt größtenteils in der Laubmisch- und Buchenwaldstufe und gliedert sich in vier Hauptbereiche: das Riedelland, das Vulkangebiet, das Murtal und das Solental der Raab. Das Klima ist insgesamt sehr mild und entsteht teilweise in der kleinräumigen Landschaft geländebedingt. Im Vulkanland gibt

Äskulapnatter

Eisvogel

Sonnenhut mit C-Falter

Eine artenreiche Wiese ist ein lebendiger Mikrokosmos und eines der robustesten Ökosysteme der Natur. Gleichzeitig sind Blumenwiesen ein Juwel der Landschaft.

es vier Landschafts- und keine Naturschutzgebiete: Bereich Riegersburg, Gleichenberger Kogel-Kapfenstein-Stradener Kogel, Bereich Straden sowie Mureck-Bad Radkersburg-Klöch (Mur-Auen).

Trotz der eher schonenden Nutzung unseres Lebensraumes im internationalen Vergleich verschwanden bereits viele Tier- und Pflanzenarten. Zum Beispiel haben Ausräumung der Landschaft, Drainagierung, Überdüngung und Flurzerschneidung nichts Gutes bewirkt. Daneben haben auch „importierte" Pflanzen, fremder Wild- bzw. falscher Fischbesatz zum Aussterben vieler Pflanzen- und Tierarten unseres Gebietes geführt. Den Vorgang der Einschleppung von „Neobiota" (neuen Lebewesen), die sich gut etablieren und ausbreiten, nennt man biologische Invasion. So kann ein nicht sorgfältig geprüfter Wunsch nach besonderen, neuen Arten zum Verlust ursprünglicher Lebensräume führen.

Vor allem unbelastete **Fließgewässer und Feuchtstandorte** sind heute Mangelware. Wenige Juwele davon (z.B. die Biotope Brunnsee, Kornberger Teiche, Raab- und Murauen) haben aktive Naturschützer entdeckt, beforscht und für uns gesichert. Hier sind wir unseren aktiven Naturschutz-Verbänden und dem Verein „Lebende Erde im Vulkanland" zu großem Dank verpflichtet. Sie haben Reservoirs an Schönheit & Artenreichtum für nachkommende Generationen erhalten.

Mit über 300 Mitgliedern leisten auch die 20 Ortseinsatzstellen der **Berg- und Naturwacht** im Vulk-

Der Verein L.E.i.V hat mehrere Insektenherbergen als Unterkunft für Nützlinge rund um Stainz errichtet.

anland einen enormen Beitrag. Die Überwachung der landesrechtlichen Naturschutzgesetze beinhaltet Schutz und Pflege von Schutzgebieten (der besonderen Vielfalt ihrer Tier- und Pflanzenwelt inkl. den Naturdenkmalen), Schutz aller natürlichen stehenden Gewässer und deren Uferbereiche. Freiwillig widmet man sich der Biotoppflege und –betreuung, Heimatpflege (Marterln, Wegkreuze, Kapellen und Brunnen), den Nistkästen (Vögel, Insekten, Kleintiere), dem Amphibienschutz und der Müllentsorgung im Freiland.

Um die weidgerechte Hege und die Bejagung des Wildes kümmern sich ca. 1.800 JägerInnen, die größtenteils im Jagdschutzverein gemeinsame Ziele verfolgen. Allen voran regeln die Jäger den Wildbestand nach dem Prinzip der Nachhaltigkeit & wildökologischen Grundsätzen und kümmern sich um die Erhaltung einer vielfältigen, reich strukturierten Landschaft, in der das Wild Deckung und Äsung findet. Der **Jägerschaft** entgeht der Landschaft, keine Veränderung durch die Jahreszeiten oder im Verhalten der Tiere. Durch ihre Naturverbundenheit haben JägerInnen hohes Wissen über den Lebensraum & dessen Wandel und verstehen sich als Anwälte der Wildlebewesen. Wie der geologische Untergrund bietet auch die Flora & Fauna ein reiches materielles und immaterielles Erbe bzw. Potenzial. Nur wenig ist uns heute erst bewusst, dass hier der

Biber, Hohenbrugg

Weißstorch

Uhu, Riegersburg

Ausgangspunkt einzigartiger Produkte & Angebote liegt. Von der „Freizeit-Nutzung" – durch Beobachtung, Fotografie, Forschung (z.B. auch Bionik) – über die Nutzung im Handwerk (z.B. Korbflechten, Parketterzeugung, Instrumentenbau) bis zur Produktinnovation mithilfe regionstypischen Pflanzen- & Pilzarten liegt hier ein breites authentisches Spektrum vor uns.

Um einige Juwele aus „unserem" **Artenreichtum** zu nennen: Im Reich der Pflanzen sind das z.B. Bärlauch, Blutweiderich, Wassernuss, Hundszahnlilie, Zyklame, Pestwurz, Erd-Primel, Heckennieswurz, Liguster, Pfaffenhütchen, Robinie, Ulme, Heilziest, Minzenarten, Arznei-Thymian, Wilder Majoran und Odermennig. Die Schätze unter den Tieren sind Blauracke, Eisvogel, Turmfalke, Wiedehopf, Buntspecht, Wendehals, Neuntöter, Schwanzmeise, Kleiber, Mittelspecht, Wespenbussard, Fischotter, Feldhase, Fasan, Würfel- und Äskulapnatter. Unter den Insekten sind Auwald-Apollofalter, Kleiner Schillerfalter, Faulbaum-Bläuling, Großer Eisvogel, Prachtlibelle, Hirschkäfer, Gottesanbeterin, Ödlandschrecke, Bronzekäfer und Wespenspinne zu nennen.

Die Mur- und Raabauen sind Juwele des Artenreichtums. Schenken wir den „wilden" Pflanzen und Tieren wieder bewusst „unberührten" Raum – in Gärten, Waldecken, auf Wiesen und Äckern.

Und auch Pilze, wie Parasol, Herbsttrompete, Ritterling, Röhrlinge, Täublinge und Besonderheiten wie der Ölbaumpilz oder die Mäandertrüffel bevölkern das Vulkanland.

Das klein strukturierte Nebeneinander von Wäldern, Wiesen- und Ackerflächen fördert die Individuendichte und die gesamte Nahrungspyramide. Erhalten wir Streuobst – und lassen wir einige der alten Bäume stehen. Investieren wir gemeinsam in (mindestens 10 m breite) Austreifen und Hecken. Beide Elemente wirken sich sehr positiv auf die Grundwassersituation, die Minimierung der Winderosion und die Artenvielfalt aus. Ein hoher Totholzanteil ergibt massenhaft Nützlinge für die Landbewirtschaftung. Diese Ruhezonen versorgen uns mit Wildkräutern & -früchten höchster Inhaltsstoffdichte und Gesundheit. Entnehmen wir diese nachhaltig! Eine gedeihliche und wunderschöne Flora & Fauna braucht ihren Platz. Jede Art hat Ansprüche und Lebensräume. Schenken wir den „wilden" Pflanzen und Tieren wieder bewusst „unberührten" Raum – in Gärten, Waldecken, auf Wiesen und Äckern.

Vielfältige Landschaft

Gut strukturiert, reichhaltig möbliert – sanfte Formen und weiche Schwingungen prägen das wunderschöne Landschaftsmosaik.

Unsere kleinräumige und abwechslungsreiche Landschaft bietet uns wichtige regionale Ressourcen, wie etwa Rohstoffe für hochwertige Nahrungsmittel, frisches Trinkwasser oder eine ausgezeichnete Frischluft. Aber auch die ästhetischen und immateriellen Ressourcen, wie Schönheit & Blickfenster, ausgeprägte Jahreszeiten oder die geomantischen Potentiale, sind von ebenso hohem Wert und zeugen vom ausgesprochenem „Reichtum" unserer Landschaft. Über Generationen hinweg wurde unsere Landschaft mit viel Herzblut und Leidenschaft kultiviert – eine

Die Bau-, Bewirtschaftungs- und Gartenkultur wird zum Maßstab unserer neu entflammten Liebe zur Landschaft.

Morgennebel bei Saaz

Hügelland im Abendrot

Dörfer, Orte und Städte

WOHN- UND BAUKULTUR

„Nichts adelt die Landschaft intensiver als ihre eigenen Materialien & Farben. Durch die Verwendung von ökologischen Materialien aus der Region und atmungsaktive Oberflächen wird ein Beitrag zur Entlastung unserer Umwelt geleistet."

Download: www.vulkanland.at

Sonnenuntergang hinter der Riegersburg – ein erhabener Augenblick an einem denkwürdigen Ort.

reizvolle und einzigartige Landschaft wurde so gemeinsam geformt.
Durch das pflegliche Verhältnis von Mensch und Landschaft hat sich ein wertvoller Lebensraum entwickelt. Studien belegen: Die Menschen leben gerne hier, weil sie eine ausgezeichnete Lebensqualität in ihrem unmittelbaren Lebensraum und der Landschaft vorfinden – und weil die Landschaft das bunte & vielfältige Miteinander der Menschen widerspiegelt.
Unsere kleinteilige Landschaft ist von durchgängiger Besiedelung geprägt, nur mehr selten findet man größere Abschnitte ohne Haus oder Hof. Das geht historisch auf die Raumordnung zur Grenzsicherung zurück, auf die auch noch Erzherzog Johann baute.

Unsere Landschaft bietet durch die Kleinräumigkeit eine Vielzahl an ruhigen Orten, Nischen und Plätzen, doch einsam fühlen braucht sich in unserer Region niemand. Hinter jedem Hügel und in jedem Graben findet man ein Haus oder einen Hof. Diese besondere Struktur führt dazu, dass unser Raum Lebens-, Kraft-, Erholungs- und Wirtschaftsraum in einem ist. Unsere Landschaft ist eine engmaschig vernetzte Bühne, auf der unser Leben & Tun, unsere Ideen & Innovation, sowie Produktion und Konsum sichtbar

Wandern in der natürlichen Umgebung mit Köstlichkeiten aus der Region

werden. Das Besondere am Lebensraum Steirisches Vulkanland ist die Vielfalt, die in ihrer Fülle einzigartig ist.
Landschaft und Mentalität beeinflussen sich gegenseitig. Die vielerorts zunehmende Entfremdung von Mensch & Landschaft und der Verlust der Wahrnehmung des Eigenen (vor der Haustür liegenden) führt Schritt für Schritt zu einem sorgloseren Umgang mit der Landschaft und ihren Ressourcen. Unser Lebensraum wurde vom Vulkanismus geformt und von beseelten Menschen über Jahrhunderte kultiviert. Eine Kulturlandschaft mit besonderen Reizen, ein Raum mit **hochwertigster Möblierung** und Ästhetik wurde geschaffen.
Respektvoll blicken wir auf dieses Erbe, das in seiner Schönheit erhalten werden will. Nur äußerst behutsam und bedächtig gilt es neue Elemente in

Schlösser und Burgen

Orte und Dörfer

Urlaub im Grünen

VISION BAUKULTUR

Das Gesamtkunstwerk als Landschaftsbild entsteht durch Beiträge aller Teilnehmer am Lebensraum. Landschaftsbilder werden über Generationen gemeinsam gemalt. Daher sind bestehende und neue Gebäude einfach & schlicht, landschafts- & ortsangepasst, energie- & rohstoffoptimal, mit kompaktem Baukörper ins Orchester der vulkanländischen Landschaftsbilder einzubinden. Die Vulkanland-Baukultur macht Gebäude zum wertvollen Ausdruck konkreter Lebenskultur und landschaftlicher Verbundenheit.

Persönlicher Rückzugsraum im Paradies

dieses Orchester hineinzusetzen oder bestehende herauszunehmen. Der Landschaftsraum webt sich aus dem Teppich aller Teilnehmer. Radikale Selbstverwirklichungstendenzen im Alleingang fügen der Gemeinschaft Schaden zu. Als Mit-Schöpfer leben wir einen verantwortungsvollen Auftrag im Umgang mit unserer Kulturlandschaft. Der Wert unserer Landschaft (und jeder darin liegenden Immobilie oder eines Grundstückes) steigt oder fällt durch unser Denken, Wollen und Tun. Landschaft ist ein wertvolles, gemeinsam zu verwaltendes Kapital!

Heimat

Lebensqualität

Baukultur

Jahreszeiten

Charakterstarke Jahreszeiten machen das Steirische Vulkanland ganzjährig zum farbenfrohen Erlebnis.

Nichts spiegelt den Jahreskreis so intensiv wider, wie die Natur – und dort besonders die Pflanzenwelt. Das Symbol des Kornes, das „stirbt" um zu wachsen, zu gedeihen und als neue Pflanze 100-fache Frucht zu bringen, ist ein altes Bild zur menschlichen Transformation und der transformativen Entwicklung allgemein. In praktisch allen Religionen ist dieses aussagestarke Bild zu finden. Der Impuls einer neuen Lebenskultur durch intensive Jahreszeiten soll die Menschen inspirieren zu wachsen, zu reifen, zu ernten, das Wesentliche zu kondensieren (im Keim)

„Unser Lebensraum ist vom Vulkanismus geformt und von beseelten Menschen über Jahrhunderte kultiviert worden."

Frühling in Gnas

Herbst bei Gossendorf

Winter in Auersbach

JAHRESZEITEN
HABEN TRADITION

Vulkanland Frühling:
Die Region blüht auf

Meisterkultur-Sommer:
Inspirative Gläserne Manufakturen

Kulinarischer Herbst:
Außergewöhnliche Kulinarik inmitten prächtiger Landschaft

Stiller Advent:
Ruhe und Einkehr mit dem Grünen Licht und der Laterne als Symbol.

Kulinarische Rundreisen spiegeln die Jahreszeiten wider.

und daraus erneut etwas zu machen.
So achten wir das Ursprüngliche, den Rhythmus der Jahreszeiten und ihre Gestaltung, wie sie sich in der Tradition & im Jahreskreis wiederfindet. Der Faden zum Ursprung, zur Tradition, zum typisch Regionalen muss stärker und sichtbarer werden. So bekommt die Zukunft Herkunft und so erhält die Gegenwart Wurzeln & Takt. Wir dürfen all jene an dieser Stelle würdigen, die sich der Landschaft, ihrer Verschönerung und Pflege hingebungsvoll widmen. Ihnen gebührt öffentlich Lob und Dank! Sie gestalten Gemeinwohl.

Charakterstarke Jahreszeiten

Als noch die meisten Menschen in der Landwirtschaft tätig waren, gehörte der Rhythmus der Jahreszeiten zum Alltag. Die moderne Gesellschaft hat sich von den jahreszeitlichen „Zwängen" befreit: Klimaanlage, Heizung, Beleuchtung, Gefriertruhe, Logistik, Lagerung, ... sorgen für konstante (eigentlich langweilige) Bedingungen. Das Nahrungsmittelangebot weist kaum saisonale Schwankungen auf und Fernreisen ermöglichen jederzeit einen Wechsel der Jahreszeit. Die Wirkungen auf den Menschen sind jedoch vielfältig – zumeist vorerst unbemerkt: Schlafbedürfnis, hormoneller Status, Immunsystem, psychische Verfassung (z.B. Winterdepression) und geänderte Wahrnehmung. Heute erkennen wir wieder, wie wichtig dieser Bezug und der Rhythmus für die menschliche Entwicklung sind. Bewusst setzen wir die Jahreszeiten in Wert:

„VULKANLAND-FRÜHLING“

Entlang der Spuren der Vulkane blüht die Region auf.

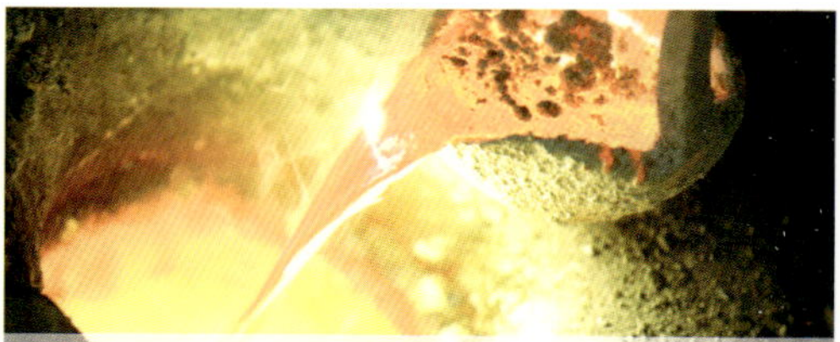

„MEISTERKULTUR-SOMMER“

Gläserne Manufakturen öffnen ihre Pforten - Tradition & Innovation.

„KULINARISCHER HERBST“

Erlesene Weine & Kulinarik bereichern die herbstliche Landschaft.

„STILLER ADVENT“

Das Grüne Licht wird zum Ausdruck von Einkehr und Ruhe.

Vulkanland-Frühling

Die Zeit des Aufbruchs. Eine Zeit des Neuen. Das intensive Leben kehrt zurück auf die Oberfläche. Die Natur pulsiert & präsentiert sich in ihrem frischesten Kleid. Ein lebendiges, unerschöpfliches Spektrum strahlender Grün-Töne überzieht das Land. Neue Kraft und Wachstum prägen das Beginnen. Wie die Natur, so erblüht auch der Mensch. Inspiration, Tatendrang und Kreativität werden genährt von der Sehnsucht nach dem Neuen. Alles fokussiert sich auf das Kommende, erwartungsvoll und hoffnungsfroh. Auch der Frühling des Lebens ist geprägt von der Erwartung, der Hoffnung, vom Werden und oft ungestümem Entdecken. Neues Leben wächst, gedeiht; vital und unbekümmert. Der Frühling ist die Zeit des Säens. Wie der Mensch, so entwickelt sich auch die Region. Jung und zukunftsorientiert ist es die Zeit der Präsentation großer Visionen. Es ist guter Boden für das Gebären und Hegen von Ideen. Alles ist frisch, spannend und erkenntnisreich. Aufmerksamkeit & Wertschätzung steigern das Vertrauen und die Zuversicht für das, was kommen wird. Ungestüm, unbekümmert und fast mit jugendlichem „Leicht-Sinn" werden Herausforderungen angenommen. Die Jahreszeit ist geprägt von frischer Spontaneität

Alles wächst und gedeiht und findet schließlich nach der Ernte in den hauseigenen Manufakturen seine Veredelung.

und Unternehmungslust – eine Zeit des Aufbruchs. Alles erblüht und befruchtet sich wechselseitig.

Meisterkultur-Sommer

Die Natur präsentiert sich in voller Pracht, üppig und satt. Nach intensivem Wachstum gilt alle Aufmerksamkeit nun dem Reifen. Die Veredelung und die Erwartungsfreude einer reichen Ernte prägen den Sommer. Diese Freude bestimmt auch die Meister und die sie Schätzenden. Der Meisterkultur der Region nachzuspüren bereichert Gäste und Gastgeber gleichermaßen. Tradition trifft Innovation. Die Hand am Werk wird unmittelbar erlebbar. Die Schaffenskraft erreicht Ihren Höhepunkt und die Talente werden geschärft. Erste Früchte geben einen Eindruck von der Richtigkeit des Weges und sind Ansporn, den Weg in Demut und Beharrlichkeit weiterzugehen. Die Verfeinerung des Lebensstils, die Vertiefung und Ergründung der Potenziale und Talente prägen den Charakter. Mit großer Tatkraft strebt der Lebens-Meister nach der Verwirklichung seiner Vision. Er verwirklicht sein Selbst und lässt andere daran teilhaben. Der Blick über die Schulter des Meisters inspiriert, bereichert, schafft Vertrauen und Wertschätzung. Die schöpferische Kraft inspiriert neue Meister – die Meister der Zukunft. Eine Zeit unbändiger Schaffenskraft und Ausdruckskraft – das ist die Zeit des Wachstums und der Vielfalt.

Kulinarischer Herbst

Reiche Ernte erwartet die Fleißigen im Herbst. Beharrlichkeit, aber insbesondere auch die Verbundenheit mit der Region lohnen sich. Das Gefühl für den richtigen Zeitpunkt ist letztlich genauso wertvoll wie der Fleiß. Die Natur präsentiert sich im fruchtbarsten und schließlich im buntesten Kleid des Jahres. Sie zeigt sich von ihrer schönsten Seite. Eine kraftvolle Inszenierung voller Ästhetik vor der Zeit der Ruhe. Die Erntezeit ist die Zeit der Fülle. Sie ist die Zeit der Vorbereitung – auf die Verdichtung.

Genuss und Entspannung

Das grüne Licht und die Holzlaterne wurden zu den neuen Symbolen einer besinnlichen Weihnachtszeit. Eine Zeit der Liebe und des Lichtes.

Der Meister steht vor der Erfüllung eines Lebenszyklus. Innere Ruhe kehrt ein. Das Bedürfnis, die Erfahrungen und Schätze des Lebens weiterzugeben prägt seinen weiteren Weg. Zufriedenheit über die reiche Ernte und die rückblickende Wertschätzung des Lebens

Laternenwanderung

prägt diese Jahres- und Lebenszeit. Viele Optionen erscheinen im Lichte des Erreichten nicht mehr wesentlich. Die innere Sicherheit zur überzeugten Fokussierung auf das Wesentliche ist erreicht. Aus Wissen wird Weisheit. Die Aufmerksamkeit wendet sich jenen Menschen zu, die ihrerseits Wertschätzung für das Erreichte und die Fertigkeit des Meisters aufbringen. Seine hohe Kunst der Veredelung und noch mehr der Beseelung inspiriert jene, die seinem Beispiel folgen wollen. Die Zeit der Verwirklichung ist eine Zeit der Ernte, der Geschenke und der Fülle.

Stiller Advent

Der Spätherbst und der darauf folgende Advent verbinden sich zur stillsten Zeit. Die Natur zieht sich zurück – und auch die Menschen bündeln ihre Erfahrungen für das nächste Jahr. Die Inwertsetzung der Jahreszeiten und besonders des Advents bereichern unser Leben und unser Gemeinschaftsleben zutiefst innerlich. Die Gemeinden setzen von Straden ausgehend mit dem Grünen Licht ein besonderes Zeichen. Die Bürger geben dem Stillen Advent mit der Laterne eine neue Bedeutung. Damit kommen wir unserem gemeinsamen Ziel, für uns und unsere Gäste einen noch wertvolleren Lebensraum entstehen zu lassen, ein großes Stück näher. Stille überzieht das Land. Die Zeit der Einkehr und Rückbesinnung ist gekommen. Der Rückblick auf ein erfülltes, ereignisreiches Jahr macht zufrieden. Bewusste Menschen erfüllt die Sehnsucht, sich zurückzunehmen. Jener Zyklus, den die Natur über Jahrmilliarden zum Prinzip erhob, bestimmt auch den Menschen. Sich diesem Prinzip hinzugeben, legt den stabilen Grundstein des nächsten Jahres. Die Blätter lösen sich von den

Ästen, bilden das fruchtbare Fundament der Zukunft – eine Metapher für das Leben. Die Ruhe ist die Basis des Neubeginns. Das Grüne Licht wird im Vulkanland-Advent zum Symbol dieser Rückbesinnung und zum Symbol des Keimes und der Geburt. Im Reigen der Jahreszeiten als Sinnbild des Lebens ist der Winter jene Zeit, in der sich der Mensch auf die Früchte seines Lebens besinnt und das Gute herauskristallisiert & verdichtet. Der Fokus schwenkt von der Schaffenskraft des Alltags zum Erkennen des Wesentlichen im Leben. Als erkenntnisreicher Ratgeber unterstützt der Meister des Lebens jene, die sein Wirken und Wort wertschätzen. Eine Zeit der Ein- und Rückkehr ist eine Zeit der Verdichtung und Verinnerlichung.

Die letzten Sonnenstrahlen küssen die Kapelle am Glojachberg und ermöglichen einen letzten Blick auf das wunderbare Panorama.

Kostbare Ruhe

Ruhe ist ein besonderer Wert für das Steirische Vulkanland, ein knapper werdender Rohstoff und wichtiger Erlebnisfaktor für die Landschaft. Das Steirische Vulkanland bekennt sich ganz bewusst zur Ruhe als wertvolles Kapital der Zukunft. Die Region setzt mit der Ruhe-Charta (vgl. gleichnamige Broschüre als Download) ein offensives Sig-nal für alle Bürger, Gemeinden und die Regionalwirtschaft. Jeder ist eingeladen, in seinem Wirkungskreis mit Sensibilität und Rücksichtnahme die so bedeutende regionale Ressource Ruhe für uns selbst und unsere Gäste weiter auszubauen. Das bewusste Bekenntnis zur Ruhe hebt nicht nur das Image und die Standortqualität Vulkanland, sondern auch den Erholungswert und die Lebensqualität. Es macht uns in Zukunft zu etwas Besonderem. Unterstützen wir die Inwertsetzung der Ruhe und reden wir darüber als besonderen Wert – sie ermöglicht eine intensive Wahrnehmung und hohe Lebenskraft – und oft wirkt sie auch entschleunigend & vertiefend im Leben.

In der Ruhe liegt die Kraft!

Brauchtum

Abwechslungsreiche und traditionelle Bräuche werden im Steirischen Vulkanland im Rhythmus des Jahreskreises begangen.

Sitte und Brauchtum haben sich im Laufe der Jahrhunderte eng miteinander verwoben. Brauchtümer haben & sind bei uns Tradition und tragen zur gemeinsamen Kultivierung bei. Gerade die ältere Generation pflegt heute bewusst Brauchtum. Die hohe Bedeutung spiegelt sich vielfach auch in der Verbindung von **Glauben und Brauchtum** wider. Auch lebt ein gewisser Aberglaube darin weiter – man denke nur an die unzähligen Wetter- und Bauernregeln.
Jede Jahreszeit bringt verschiedene Bräuche mit sich. In den Wintermonaten wird Schnaps gebrannt, Holz zum richtigen Zeitpunkt geschlägert und die Adventzeit intensiv erlebt – sie ist reich an Bräuchen: Adventkranzbinden, der Nikolaus besucht die Familien, Barbarazwei-

Adventzeit

Ostereierbemalen

Fassbinden

Korbflechten (Foto: Korbflechterball) und das Herstellen von traditionellem Werkzeug wird noch von vielen Menschen im Vulkanland gepflegt. Auch zur Region Vulkanland gehören das Grüne Licht, die Osterfeuer (l.) sowie die Neujahrsgeiger.

ge werden geschnitten, vielerorts bringt die Herbergssuche die Dorfgemeinschaft zusammen, gemeinsam wird gesungen und musiziert. Weihnachten bis Stefanitag sind besondere Festtage mit höchstem Ansehen. Danach begegnen uns Neujahrsgeiger, Kinder beim „frisch und g'sund Schlagen" und Sternsinger. Die Faschingszeit mit Sauschädlball, Fleischbettler und Umzügen mündet in die 40-tägige Fastenzeit.

Die Osterwoche mit Palmbesenbinden, Ratschen am Karfreitag, am Karsamstag marschieren die „Weihfeiertroger" von Haus zu Haus und nach der Auferstehungsmesse brennen unzählige Osterfeuer. Eier werden bemalt & gefärbt und den Kindern versteckt der Osterhase die Geschenke. Kommt der Mai ins Land, werden reich verzierte Fichten aufgestellt. Den Maibäumen folgt das Maibeten, bei dem sich abends nach getaner Arbeit die Menschen in den Dorfkapellen treffen - ein wichtiger gesellschaftlicher Aspekt positiver Arbeit. Im Jahreskreis folgen Muttertag, Florianitag und Pfingstbräuche (wie die Strohmänner oder das Pfingstluckn). Vatertag im Juni und die festliche Fronleichnamsprozession

„Ausgeübtes Brauchtum verbindet uns mit unseren Vorfahren und stärkt auf unsichtbare Weise unsere seelische Identität."

Pilgern und Wallfahrten

Das Maibaumaufstellen ist ein uralter Brauch aus der vorchristlichen Zeit. Die Rückkehr der Fruchtbarkeit und neue Impulse werden gefeiert.

leiten die höchste Kraft des Lichtes ein. Die Sonnenwend- und Johannisfeuer markieren besondere Tage, deren Qualität schon vor der christlichen Zeit genutzt wurde. Mit den Sommermonaten ist dann jene Zeit gekommen, in der hart und fleißig gearbeitet wird und sich wenige Bräuche entwickelt haben. Mit dem herannahenden Herbst wird beim Erntedankfest der guten Ernte gedankt. Über Allerheiligen & Allerseelen, das Laternenfest in den Kindergärten und den Martinstag schließt sich der Jahreskreis erneut zum Advent. Der Herrgottswinkel ändert seinen Schmuck über die Hochfeste und zeigt in den Häusern das Jahresrad an.

Das alte Brauchtum wurde durch Einwirkung von Industrialisierung, Import von Fremdbräuchen und den schnell wechselnden Modeerscheinungen teilweise verdrängt oder ist

Schnapsbrennen

Sternsingen

Osterkorbsegnung

in Vergessenheit geraten. Brauchtum hat Regionen oft über Jahrhunderte geprägt und muss diese auch weiterhin prägen – es birgt eine Strategie für die Zukunft. Bräuche sind wertvolle Bestandteile der Lebenskultur einer Region. Ein Schatz, den es zu bewahren, aber auch weiterzuentwickeln gilt. Altes Kulturgut wird hierbei verbreitet und lebendig gehalten. So lernen Kinder „automatisch" vieles von der Lebenskultur, den Wurzeln & den Rhythmen der Ahnen-Generationen für ihr eigenes, kraftvolles Leben. Wurzeln geben Halt und bieten emotionale Verankerung.

Überlieferte handwerkliche Techniken in der Nutzbarmachung von Rohstoffen aus der Land- und Forstwirtschaft sind in punkto Zukunftsfähigkeit vorne dabei.

Brauchtümer sind Ausdruck unserer Identität. Neue Zeiten haben neue Bräuche im Vulkanland entstehen lassen. So sind die schlichten Laternen vor den Haustüren und die grüne Beleuchtung der sakralen Objekte - von Straden ausgehend - zum Symbol des Stillen Advents im Vulkanland geworden. Die Feuerwehren der Region bringen das Licht aus Bethlehem in alle Häuser. Es liegt an uns, besondere Werte mit besonderen Gesten „rituell" zu würdigen. So wird aus besonderen gemeinsamen Werten ein sinnvolles Brauchtum, das vor dem Gewöhnlichwerden & Abstumpfen bewahrt bzw. die Achtsamkeit für das Wichtige aufrecht erhält. So bleibt Brauchtum brauchbar.

Erntedank

Unsere Rituale, Bräuche und Sitten bestimmen wesentlich das Leben mit – der Mensch braucht Rhythmus.

Die jahreszeitliche Positionierung im Vulkanland gibt Halt, schärft den Blick auf das Naheliegende und öffnet Entwicklungsräume. Wir können stolz auf stark ausgeprägte und intensiv erlebbare Jahreszeiten sein. Nichts spiegelt den Jahreskreis so intensiv wider, wie das Kleid der Natur. Unsere Landschaft bietet uns im Laufe der Jahreszeiten ein einzigartiges Farbenspiel und besondere saisonale Produkte. Bewusste Menschen gehen und leben mit den Jahreszeiten – sie vertiefen die Verbindung von Mensch und Landschaft.

Die Freude über den ersten Schnee ist groß. Wenn er sich lautlos und sanft in seiner Reinheit über die Landschaft zieht, verliert der Frost seine Zähne.

Brauchtum gibt Rhythmus

Durch Brauchtum, saisonale Gerichte und Getränke oder spezielles saisonales Kunsthandwerk (Maipfeiferl, Korbflechten, Adventkränze, Ostereiermalen, Kerzengießen, etc.) wird der Jahreskreis erfahrbar.

Die verschiedenen Zeitqualitäten unterstützen unsere Entwicklung, Tätigkeiten und unser Wohlbefinden innen & außen über das ganze Jahr. Waren die meisten Menschen früher dank Landwirtschaft & Religion mit der Natur und dem Rhythmus der Jahreszeiten verbunden, erkennen wir heute eine Trennung. Das (globale) Angebot weist kaum saisonale Schwankungen auf, sodass wir im Winter Paradeiser oder Erdbeeren essen können. Vieles wird dadurch banal, wertlos und gewöhnlich.

Der **Rhythmus** ist die zentrale Komponente im Zusammenleben. Z.B. definiert das Tempo eines vorgetragenen Musikstückes seine Ausdruckskraft. Der Mensch lebt in Gemeinschaft: Wenn viele Menschen z.B. gemeinsam singen oder spielen – im Chor, in der Blasmusik oder im Orchester – dann potenziert sich der Ausdruck durch das Zusammenwirken. Das ist definiert über das Musikstück bzw. die Notierungen (vergleichbar mit gemeinsamen Werten oder ausgewählter Zukunftsperspektive) und dem Rhythmus.

Kienspankreuze

Kastanien & Sturm

„Woazschöln"

Spinnen wir dieses Bild weiter: Heute glaubt man verbreitet, dass jeder in der Hyperpersonifizierung, absoluten Freiheit und Unabhängigkeit sein Ideal & seine Verwirklichung findet. In der gemeinsamen Musik einigt sich das Orchester oder der Chor auf ein Stück (z.B. besonders schöner Lebensraum), man bestellt einen Dirigenten (z.B. wählt die Gemeindeführung) und legt die Stimmenverteilung fest (je nach Talent, Lage und Können) – dann:

- stimmt man sich auf einen gemeinsamen Grundton ein (z. B. liebevoller Umgang mit der Landschaft & Miteinander) - dieser ist die Resonanzbasis

- es nimmt der Dirigent den Taktstock, um den Rhythmus anzuleiten und

- alle legen geordnet nach Einsatz, Noten und Rhythmus los.

Volkstanz & Bandltanz

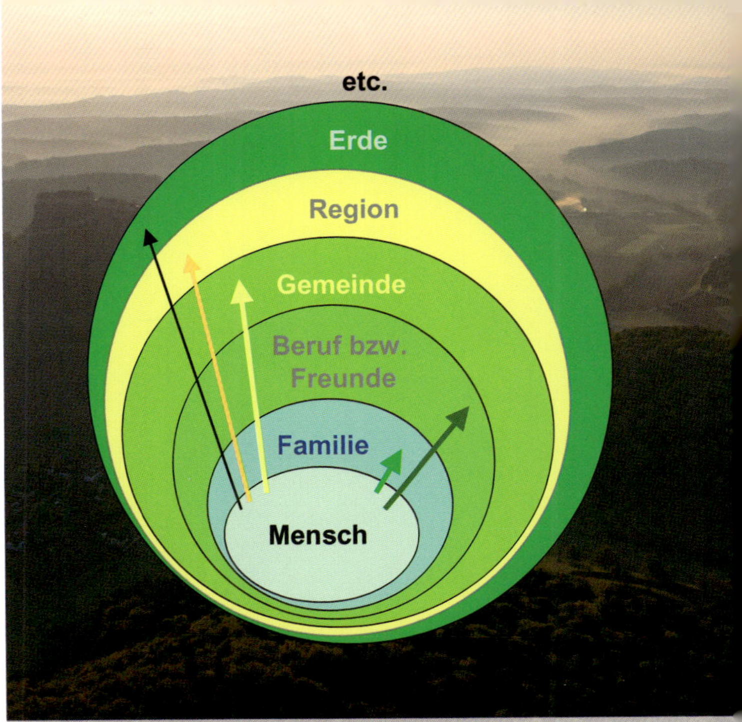

Prinzip Resonanz: *je größer die „Kreise" werden, desto mehr muss auf Stimmung und Takt geachtet werden.*

So lehrt das gemeinsame Musizieren vieles: Warum hält der Dirigent gerade den Taktstock? Warum muss man sich vorher auf Stück (Perspektive) und Stimme (Talent & Neigung) einigen? Warum übt jeder „seine Stimme" allein, um im Gesamten dann seinen (passenden) Beitrag zu bringen?
Wir sind als Menschen in viele „Kreise" eingebettet – beginnend bei der Familie, der Firma, den Freunden, in der Dorfgemeinschaft, der Gemeinde, der Region, in der Steiermark, etc. – und überall werden Stücke gespielt. Teilweise spielen wir mit oder haben die Leitung inne. Wenn es uns gelingt, gemäß unseren Talenten die Harmonie in diesen Ebenen zu halten oder in sie hinein zu bringen, werden wir authentisch. Diese Echtheit wird als Charisma und Vorbild wahrgenommen. Wir bekommen eine besondere Ausstrahlung und eine erhöhte Wirksamkeit.
Das Bild des Orchesters bzw. Chores hilft uns in der Gemeinschaft die Wichtigkeit von geteilter Perspektive, Talent (und dessen Einteilung), Leitung, von Resonanz und Rhythmus zu verstehen.

Bewirtschaftung

Das Steirische Vulkanland zeichnet ein großer Reichtum an land- und forstwirtschaftlichen Fertigkeiten aus.

Im Vulkanland liegen rund 54.000 ha fruchtbares Ackerland, 11.500 ha Wiesen, auf rund 4.700 ha wird Obst- & Weinbau betrieben und ca. 48.800 ha sind mit gut besetzten Wäldern bedeckt. Wurde dieses herrliche Land 1970 noch von über 11.000 Familien bewirtschaftet, so sind es heute nur noch die Hälfte, die aktiv eine Landwirtschaft betreiben – davon 3/4 bereits im Nebenerwerb. Trotzdem sind die landwirtschaftlichen Fertigkeiten noch in rund der Hälfte aller Menschen lebendig. Ein **Schatz an Wissen und Können**, wie man die Fruchtbarkeit von Mutter Erde erhält und nutzt.

Das Wissen und das praktische Können in Bezug auf **Pflanzenbau** sind vielfältigst: Sorten, Pflege, Maschineneinsatz, Fruchtfolge, Bodentypen und

Weinbau

Obstbau

Viehwirtschaft

RESSOURCEN UND KLIMASTRATEGIE

Mit mildem Klima und guten Böden gesegnet, gedeihen im Vulkanland fast alle Früchte.

vieles mehr spielt hier mit. Vieles hängt vom richtigen Zeitpunkt ab. Ein echtes Gespür für Wetter und Natur ist nötig. Und das Können - vom Säen bzw. Setzen, über die Pflege bis zur Ernte und Lagerung - die Gaben der Erde konsequent über den Jahreskreis zu begleiten. Auch der pflegliche Umgang mit **Tieren** (Hühner, Kühe, Schafe, Schweine, Ziegen, Katzen, Kaninchen, Pferde, Hunde, etc.) ist Teil dieser Lebenskultur, die das Potenzial einer hohen Eigenversorgung in sich birgt. Und neben den kulinarischen Köstlichkeiten bietet dieses Können Sicherheit. Die Eigenversorgung mit hochwertigen Lebensmitteln ist für unsere kulinarische Region eine Selbstverständlichkeit.

Das tradierte Talent der Landbewirtschaftung blüht heute wieder in der Belebung der Gärten & Hausmanufakturen auf. Berechnungen haben gezeigt, dass im Vulkanland eine **Eigenversorgung** mit Lebensmitteln, natürlichen Rohstoffen und auch Energieträgern machbar ist. Der Schlüssel dazu liegt in einem anderen Zugang zur Ressource Boden bzw. Fläche: Ein Feld ist nicht nur für Lebensmittel oder Treibstoff „reserviert“ – es wird fast immer beides zugleich daraus gewonnen. Die Früchte werden als Lebensmittel weiter veredelt und der Rest wird in „Mehrstoffzentren“ (auch Bioraffinerien genannt) weiterverarbeitet: Nebenprodukte zu Tierfutter, Reststoffe zu Werkstoffen & chemischen Rohstoffen

„Die Landwirtschaft wird zur soliden Basis der zukunftsfähigen Regionalwirtschaft. Der lebendige Boden zu ihrer wichtigsten Ressource.“

Biobauern sind in vielerlei Hinsicht Vorreiter auf dem Weg zur Zukunftsfähigkeit. Saatgut, Hofdünger, Bodenleben, Nützlinge, Gentechnikfreiheit und Zusammenarbeit sind Teil ihrer Lebens- und Wirtschaftskultur.

und was übrig bleibt wird zu Energie. Die intelligent vernetzte Eigenversorgung schafft Wertschöpfung und Arbeitsstellen vor Ort. Die Landwirtschaft wird zur soliden Basis der zukunftsfähigen Regionalwirtschaft, der lebendige Boden zu ihrer wichtigsten Ressource!

Unsere derzeitige Produktion liegt zum Teil weit über dem regionalen Bedarf und nur die Flächen für Hülsenfrüchte, Gemüse und Ölfrüchte müssten erweitert werden. Der Bereich regionaler Milchprodukte holt Gott sei Dank bereits wieder auf. Der Wald mit seinen ca. 48.800 ha Umfang wird vielerorts noch als Sparkasse missverstanden, obwohl die Hölzer im Vulkanland weitaus

„Das Talent der Landbewirtschaftung blüht heute in der Belebung der Gärten & Hausmanufakturen wieder auf.“

Gesundes Gemüse

Arbeit und Passion

Gesundheit

wertvoller sind, als die Fichtenwälder der Gebirgsregionen. Mit Hilfe der Forstabteilung der BH Feldbach gelangt nun das Stamm- und Wertholz ins Bewusstsein: hier werden bis dato in etwa 16 Mio. Euro Gewinn pro Jahr im „Wald liegen gelassen" (das sind 480 verlorene Arbeitsstellen oder durchschnittlich 1.600 Euro pro Waldbesitzer im Jahr). Der Waldvorrat ist bei uns sehr hoch und beträgt rund 370 Vorratsfestmeter pro Hektar. Vom Nachwuchs werden nur zwischen 30 und 50% genutzt. Hochwertige und für die Weiterveredelung dringend benötigte Harthölzer Rohstoffe „verrotten" dadurch förmlich. Der Wald ist wie ein Weinried zu sehen – er braucht Pflege, Verjüngung, Wertastung, Ausbildung von Werthölzern, etc. und natürlich die rechtzeitige Ernte. Der Wald ist ein zuverlässiger Rohstofflieferant und eine hochwertige Produktionsstätte!

Reiche Ernte ist Ergebnis von geschicktem Anbau, intensiver Pflege, vom guten Wetter und von Gottes Gnade.

In der Forstwirtschaft wurde erstmalig das Konzept der Nachhaltigkeit lebendig. Der Wert des Waldes liegt weit über dem Holzwert: Er ist Erholungsraum, eine hocheffiziente Grundwasserpumpe, schafft günstige Kleinklimata, hält die Feuchtigkeit in der Region, ist ein zuverlässiger Schutz vor Naturgefahren, ein optimaler Sauerstofflieferant und bietet mit vielen Arten einen vitalen Lebensraum.

„Der Wald ist ein zuverlässiger Rohstofflieferant und eine hochwertige Produktionsstätte!"

Waldvorrat

Grünland

Ackerbau

Garten- & Baukultur

Von der Kunst Innenräume, Räume, Häuser, Gärten und Orte lebenswert zu gestalten.

Mit 8.400 ha für Bauten, Verkehr und Infrastruktur wurde bereits fast doppelt so viel Fläche wie für Obst- und Weinbau genutzt wird in der Region überbaut. Der Trend zum Eigenheim ist ungebrochen und durch den steigenden Wohnflächenbedarf wachsen unsere Siedlungsräume. Der hohe Wert der Familie und Gemeinschaft findet seinen „Abdruck" im Raumanspruch. Die Menschen im Vulkanland lieben ihr **Wohnhaus**. Räume und Garten werden wunderschön gepflegt bzw. gestaltet. Kaum eine Region hat so viele sauber gestaltete Häuser und Gärten. Sie bieten ein Zuhause voll Lebensqualität und Wohlfühlfaktoren.

Rund 300 Mio. Euro Haushaltsausgaben fließen pro Jahr in Wohnung, Einrichtung und Garten.

Design & Blütenpracht

Wohlfühlen zu Hause

Besondere Architektur

BAUEN & WOHNEN IM GRÜNEN

Die Bau-, Wohn & Gartenkultur wird zum Maßstab unserer Liebe zur Landschaft. Nichts adelt die Landschaft intensiver als ihre eigenen Materialien & Farben.

Siehe auch Webseiten:

www.lebensgaerten.at

www.vulkanland.at/baukultur

Die Veredelung alter Bausubstanz in Richtung Zukunftsfähigkeit braucht Innovation. Die Kombination aus Bestand und neuer Architektur schafft besonderes Flair.

Damit sind sie mit Abstand unsere größten Lebensinvestitionen. Es ist ein Spezifikum der regionalen Lebenskultur, dass viele handwerkliche Leistungen durch die Besitzer selbst erledigt werden – man kann es selber. Bauen und Garteln liegen „im Blut". Nicht umsonst sind wir eine Handwerksregion mit vielfältigen Talenten und **Hausverstand**. Die neu entflammte Liebe zur Landschaft und ihren markanten Jahreszeiten hat uns verändert. Wir haben unsere Beziehung zur vulkanischen Landschaft vertieft. Die uns umgebende Schönheit der Natur erweitert unsere Wahrnehmung und stellt uns heute im Umgang mit **Bauten & Ortsbildern** vor neue Herausforderungen – die gemeinsame Gestaltungsleistung verlangt Achtsamkeit. Wir sind alle zusammen für das Erscheinungsbild des Raumes langfristig verantwortlich. Raum ist kostbar und ein Anker für Heimat. Weil unsere heutigen Entscheidungen über 50 oder sogar 200 Jahre wirksam bleiben, benötigen wir eine „Raumkultur". Harmonische Garten- und Baukultur, die die Schönheit des Ortes und der Landschaft unterstreicht & verbessert, ist eine hohe Kunst der Anteilnahme.

Es ist die **Kultivierung der Beziehung Mensch und Landschaft**. Wir prägen den Raum und dieser wirkt auf uns zurück. Wir „malen" gemeinsam schöne Landschaftsbilder, und unsere Fenster sind die Augen in diese geschmückte Welt. Unsere Baukultur ist umfassender, materialisierter Ausdruck der Lebenskultur vor Ort. Persönliche und familiäre Visionen, Vorstellungen und Wünsche werden

Im Projekt „Lebensgärten - das Steirische Vulkanland blüht auf" haben sich GartenbesitzerInnen der Region zusammengetan, um ihre Gärten naturliebenden Menschen zu öffnen. So unterschiedlich die Menschen sind, so verschieden und interessant sind auch ihre Gärten.

ebenso verarbeitet, wie Rahmenbedingungen des Geländes, des Ensembles und Wirkung des Grundstückes. Eigenständige Baukultur entspringt unserem baukulturellen Erbe und unserer heutigen Lebenskultur. Sie gründet sich auf **Einfachheit & Schlichtheit**, klare Baukörper und die bescheidene Integration ins Orchester des Landschaftsbildes. Unsere Möblierung des Lebensraums mit Häusern und Objekten entwickelt so einen zeitlosen, typischen Charakter.
Regionale Baumaterialien, natürlich umgesetzt, ein behutsames Einfügen in die Landschaft & Umgebung, natürliche & einfache Formgebung, bereichernde & erdige Farben, harmonische Proportionen, regionale Energieversorgung, sortentypische Bepflanzungen, ein Wechselspiel von Abgeschiedenheit & Offenheit und die Beziehung zu unseren

Optimale Lagerung

Harmonische Schönheit

Zuhause ankommen

Nachbarn sind wichtige Aspekte der neuen Regionalität. Gute Baukultur macht die Landschaft insgesamt schöner als sie war. Die Stärkung und der vermehrte Einsatz regionaler Materialien sind Thema (Lehm, Hartholz, Basalt, u.a.) der authentischen Gestaltung. Farb- und Formgebung werden natürlich unterstützt. Schritt für Schritt ersetzt das Edle, Eigene (Vulkanlandhandwerk) und Werthaltige über die Jahre den Ramsch der Modewellen und Diskonterhallen.

Auch die Gärten und Grundstücke werden derzeit mit neuen Ideen durchdrungen, wo regionale Pflanzen sowie typische Sorten und Früchte Eingang finden. Die Renaissance des Hausgartens holt die Landschaft und Natur in die Privatsphäre. Die authentische **Gartenkultur** thematisiert Saisonales, Wildpflanzen, ortstypische Gemüsesorten, Raritäten und bevorzugt Heimisches. Sie fungiert als Fortsetzung des einzigartigen Landschaftsbildes – ein herausragender Wohlfühlfaktor für uns und die Visitenkarte für unsere Gäste.

Unsere Gärten werden zu **Lebensgärten.** Sie werden zu Erstversorgungszentren, in denen nachhaltig, umweltschonend und nach ökologischen Gesichtspunkten gearbeitet wird. Sie werden essbare Landschaften mit breiten Verarbeitungs- und Nutzungsmöglichkeiten. Bewusst verzichten wir auf Insektizide, Pestizide, Kunstdünger und bevorzugen heimische Rohstoffe – ist es doch unsere unmittelbare Lebensgrundlage und Gartenkultur. Die vorhandenen Ressourcen zu schonen und dies als Wert an unsere Kinder weiterzugeben ist uns ein Bedürfnis. Die Entwicklung der überladenen Zuvielisation hinter uns lassend, geben wir dem Wesentlichen Raum, so werden unsere Innenräume zu Wohlfühloasen. In unseren Häusern & Gärten widmen wir der Familienkultur Platz, weil viel Freude im Gemeinsamsein liegt. Klein und fein, Vielfalt ohne Einfalt – die verbindende Symphonie im Raum wird zum Stück Unabhängigkeit.

Eine gemeinsame Linie in der authentischen Baukultur & Architektur des Vulkanlandes wird in Zukunft eine Stärkung der Region als Landschaftsjuwel darstellen – aber vor allem der jungen, regionalen Identität einen sichtbaren Ausdruck verleihen.

Liebevoll, schlicht gehaltene Räume strahlen Behaglichkeit und Wohlfühlen aus. Hier findet Harmonie den Weg in die Familie.

Verfeinerung

Wir leben auf zu großem „Ökologischen Fußabdruck“. Eine Verfeinerung unseres Lebensstils ist nötig.

Unsere Art zu Leben ist heute sehr ressourcenintensiv. Wir Menschen beanspruchen Raum, Energie, Rohstoffe, etc. – durch die **Begrenztheit der Welt** und die wachsende Bevölkerungszahl ist es daher für andere Lebensformen sehr eng geworden. Alles benötigt Fläche – der natürliche Regenwald hat uns gezeigt, dass Raum vielschichtig und vernetzt genutzt werden kann. Dadurch teilen sich viele Arten den Lebensraum. Unser Umgang mit Fläche ist dagegen eher rücksichtslos – wie auch unser Anspruch auf alleinige Nutzung (Monokulturen, Versiegelung, Gesamternten). Doch – was tun wir, wenn die Sparguthaben der Erde aufgebraucht und die natürlichen Systeme unwiederbringlich (für unsere Zeitrechnung) gestört sind?

Regionale Treibstoffe

Biogasanlage

Photovoltaik

ENERGIEVISION 2025 UMSETZEN

Nachdem unser Energieverbrauch derzeit den größten Ökologischen Fußabdruck hat, müssen wir dringend an der Energie Vision 2025 arbeiten!

Albert Einstein sagte z.B. „wenn die Bienen verschwinden, hat der Mensch nur noch vier Jahre zu leben."
Der „Ökologische Fußabdruck" rechnet die Ressourcennutzung des Menschen auf Fläche um. Er basiert auf dem Gedankenexperiment, wie viel Fläche notwendig wäre, um eine bestimmte Umweltleistung (z.B. Brennholz) nachhaltig beanspruchen zu können, quasi „unter der Käseglocke über die Jahre". Dasselbe gilt für die Abbauleistung der Natur von Emissionen und Schadstoffen. Durch die **Zuvielisation** unserer Konsumkultur beanspruchen wir heute Flächen, die viel größer als unsere eigene Region sind. 80% unserer Einkäufe werfen wir binnen sechs Monaten wieder weg. Vieles bleibt im Keller oder Dachboden zurück, viele Dinge davon komplett unbenützt.
Betrachtet man den Ökologischen Fußabdruck (ÖFA) von Ausgabengruppen der Haushalte im Vulkanland, so fallen besonders sensible Bereiche auf: der Einsatz von fossilen Energieträgern (Diesel, Öl, Erdgas, Kohle) im Verkehr und bei der Heizung, sowie die Nutzung von Atomstrom. Würden alle Menschen auf diese Art leben, bräuchten wir ca. **15 bis 30 weitere Erden** für eine „zukunftsfähige" Versorgung, obwohl wir in der Biomassenutzung bei Heizungen die Nase vorn haben. Ein kleiner Fußabdruck bringt für die Gesellschaft langfristige Vorteile. Eine vertiefte Beziehung zur Landschaft

„Wir müssen so intelligent und vernetzt werden, dass wir mit minimalem Ressourcenverbrauch maximale Lebensqualität erreichen."

Die ökologische Nutzung von Wasserkraft im Steirischen Vulkanland und in der Steiermark ist ein wichtiges Thema.

und Natur bedingt ein gesteigertes Bewusstsein für Umweltschutz – d.h. ein **Mitgefühl** für unsere Mitbewohner der Erde. Die Belastung anderer durch unsere Handlungen sollten wir minimieren. Wir müssen darauf achtsamer werden, was unser Konsum weltweit auslöst. Viele Dinge – wie sparsamer Umgang (Lebensmittel, Energie, Güter), erneuerbare Energie, biologischer Anbau, Abfallvermeidung, hochwertige Güter, Reparatur, weniger Transport, Emissionsreduktion (Dünger, Spritzmittel, Schwermetalle), regionale & saisonale Produkte – werden dadurch logisches Lebensthema. Die **Verfeinerung** des Lebensstils setzt ein. Auch der Bereich des Biotop- und Artenschutzes gehört zu diesem Themenfeld. Die Gewährung von ökologischen Nischen, Rückzugsgebieten für Arten und die Anlage von Erntefeldern bzw. Ru-

Intelligente Steuerung

Biomasse

Rückzugsgebiete

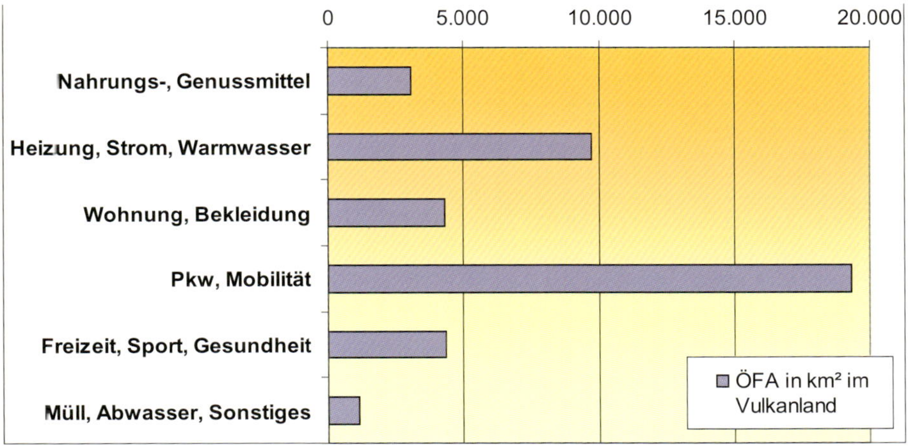

Der Ökologische Fußabdruck (ÖFA) von Verbrauchsbereichen aller Haushalte im Vulkanland. Derzeit ist besonders der Energieeinsatz kritisch.

hezonen für die Wildtiere gehören dazu wie auch, dass man im eigenen Garten die Vielfalt heimischer Blumen, Gehölze, Kleintiere und Gräser hochhält. Ungenutzte Ecken in Gärten und auf den Feldern ermöglichen den Wildarten das Auskommen, deren wertvoller Beitrag zum Ganzen der Landschaft oft unterschätzt wird.

Die Verfeinerung des Lebensstils ist eine Folge der Reifung. Wir müssen in den kommenden Jahren so kultiviert, gemeinschaftlich vernetzt und umweltschonend werden, dass wir mit geringstem Energie- und Rohstoffverbrauch maximale Lebensqualität für uns und die Gemeinschaft erreichen. Der materielle Wohlstand allein hat die Menschen weder glücklicher noch zufriedener gemacht. Daher wird unser Lebensstil in Zukunft vor allem durch seelisch-spirituelle Werte & Inhalte erweitert werden. Eine Steigerung der Lebensqualität ist bei uns hauptsächlich über die Entwicklung immaterieller Bereiche möglich. Die Verfeinerung ist kein Rückschritt, sondern ein Gewinn an Gemeinwohl. Der „Hoagl" macht das uns Wichtige bedeutsam. Wir haben dann am Wenigen mehr Freude, als an der kurzlebigen Konsumflut. Wir gewinnen Zeit für einander. Eine andere Art zu leben stellt sich ein: Mit Tiefe und voll bedeutsamen Beziehungen.

Biotope

Mischkultur

Nachhaltiges Bauen

Regional-wirtschaft

Themenfelder

Kulinarik

Wertvolle Rohstoffe, ökologische Produktion, Meisterköche, Hausmanufaktur, Produktdesign, Gesundheit

Handwerk

Praktisches Können, kompetente Lösungen, Innovation, Energievision, Handschlagsqualität

Lebenskraft & Tourismus

Sagenschatz, Museen und Archäologie, „Auf den Spuren", Freizeit und Tourismus

Produktion und Austausch vor Ort: „Was hier wächst, hat Wert!"

Die Wirtschaft wurde in den **Haushalten** geboren. Der griechische Wortstamm der Ökonomie wurzelt in „der Kunst des geregelten Haushaltens". Auch die Ökologie bedeutet „Lehre vom Haushalt" und beschreibt die Beziehungen innerhalb der Natursysteme. In der Zukunftsfähigkeit finden Ökologie und Ökonomie wieder zueinander. Von der Familie ausgehend, über Betriebe, Dörfer, Länder, etc. erleichtern die Wirtschaftswerkzeuge (Bewertung, Zahlungsverkehr, Logistik, etc.) den Austausch und erhöhen die Vielfältigkeit der Beziehungen. Die Regionalwirtschaft ist ein Gefüge aus Haushalten (gleichzeitig Konsumenten, Mitarbeitern und Ausbildern), Betrieben und der öffentlichen Hand **vor Ort**. Arbeitsort ist Lebensraum und um-

INWERTSETZUNG

Durch die Inwertsetzung der Regionalwirtschaft können bis 2025 noch über 7.000 Arbeitsstellen in der Region Vulkanland entstehen. In der Regionalwirtschaft sind unser Leben, unsere Arbeit und unser Wirtschaften mit unserem Familienleben & dem Lebensraum vereinbar.

Das Vulkanland hat eine weitere kulturelle Stärke: die Meisterkultur. Tausende Menschen im Gewerbe und in der Landwirtschaft sind Meister ihres Faches und üben ihren Beruf zum Wohle der Regionalwirtschaft aus.

gekehrt, Lebensraum und Wohnort sind Gestaltungsort & Markt zugleich. Der immaterielle & materielle Reichtum kann parallel und gemeinsam erreicht werden – getreu dem Motto: Wer auf die Region achtet, den achtet die Region. Jeder beeinflusst durch seine Haltung die wirtschaftliche Entwicklung. Die ökologischen und menschlichen Grundlagen sind die Basis der Regionalwirtschaft. Das Vulkanland will von 25% wieder auf 50% regionale Wertschöpfung kommen. Wir haben es mit unserer Kaufkraft in der Hand. Sorgen wir für den regionalen Austausch, denn das Gute liegt so nah und bewirkt so viel Positives (siehe Abb.)!

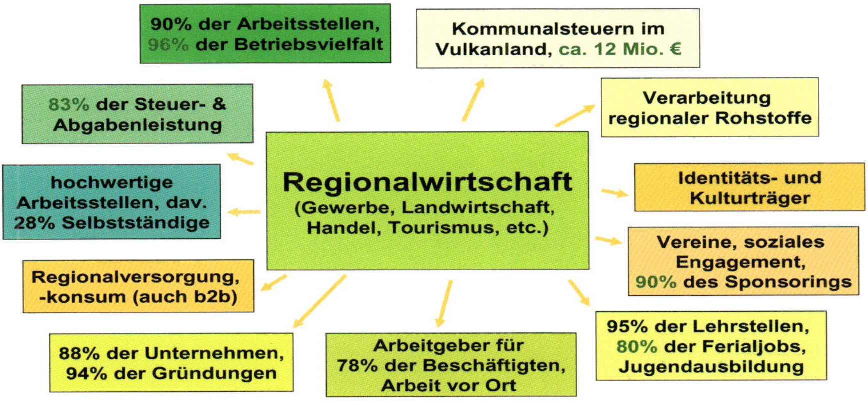

Positive Fakten zur Regionalwirtschaft im Vulkanland

Die Regionalwirtschaft lebt vor allem auch vom Austausch untereinander. Sie hat die doppelte Kaufkraft der Haushalte bzw. der öffentlichen Hand.

Die **Regionalwirtschaft** ist im Vulkanland übergreifend definiert: Landwirtschaft, Gewerbe, Industrie, Handel und Tourismus zählen dazu. Die Regionalwirtschaft gestaltet über die Veredelung der Ressourcen den Lebens- & Wirtschaftsraum, sorgt für die Entlastung der Umwelt (durch weniger Transitaufkommen, weniger Pendler), ein vielfältiges & gepflegtes Landschaftsbild und die **Inwerthaltung der Besitztümer** (Haus, Grund, Anlagen, Boden, Marken, etc.). Sie ist Know-how-Träger und hat praktische Kompetenz. Mit authentischen Angeboten & Produkten sichert sie regionale Tradition, Talente und Besonderheiten. Sie gewährleistet Versorgungs-

„Heutzutage kennt man von allem den Preis, aber von nichts mehr den Wert."

Oscar Wilde, ca. 1880

Neue Sprache

Edles Design

Gekonnte Ausführung

dichte (Nahversorgung, Gesundheits- und Bildungsangebot, Freizeitqualität, soziales Niveau, Kultur- & Kunstnachfrage), Gründungen neuer Betriebe, hebt die Wohn- und Lebensqualität und definiert das Wirtschaftsklima & Image des Standortes Vulkanland. Und sie hat noch ein riesiges Potenzial!

Durch die **Inwertsetzung** der Regionalwirtschaft können bis 2025 noch über 7.000 Arbeitsstellen im Vulkanland entstehen. Die wechselseitige Nachfrage unter den Betrieben ist doppelt so hoch wie die Nachfrage der Endkonsumenten. Daher ist „Nahversorgung" insbesondere auch zwischen den Wirtschaftstreibenden wichtig. Die Regionalwirtschaft macht Orte lebendig und sie fördert Kultur & Zusammenleben. Die Regionalwirtschaft im Vulkanland sponsert 7,1 Mio. Euro pro Jahr für unsere Vereine! Entdecken wir die Leistungen des verwurzelten Unternehmertums neu. Selbstständigkeit benötigt eine besondere Art des Denkens, der Führung und der Risikobereitschaft. Eine aktive Regionalwirtschaftsszene erhält den unternehmerischen Geist aufrecht, ohne den neue Gründungen oder neue Geschäftsbereiche nicht entstehen. Die Eigenschaften dieser Gestalter sind im Wesentlichen: Entscheidungsstärke, Entschlossenheit und Verantwortungsübernahme; Optimismus, Mut und Kreativität; Vorstellungsvermögen, Planungskompetenz, Durchhaltevermögen und Eigenantrieb; sowie Lernfähigkeit, Intuition, Sprachkultur & Philosophie. Die Regionalwirtschaft vergibt Ferialjobs und vor allem Lehrstellen!

Was hier wächst & entsteht hat Wert! Für Massenprodukte sind wir uns zu schade. Unsere wirtschaftliche Positionierung gibt Orientierung und Sicherheit.

„Nur mit einer starken Regionalwirtschaft kann der ländliche Raum in einen fairen, globalen Austausch treten!"

„In der Region wirken Identität und Lebenskultur zentral auf die Kaufentscheidung."

Ehemalige **Lehrlinge** gründen über 80% der neuen Unternehmen. Die KMU bilden daher über 80% der zukünftigen Unternehmer aus. Der Ausbildungswert für Lehrlinge beträgt fast 5 Mio. Euro pro Jahr im Steirischen Vulkanland! Das ist gelebte **Familienfreundlichkeit** durch Jobs und praktische Ausbildung vor Ort.

Heimisch & Regional

Erhöhte Wertschöpfung wird durch mehr Wertschätzung in der Regionalwirtschaft erzielt.

Wir sind reich an Wirtschaftstreibenden – rund 5.500 Betriebe (plus ca. 5.700 Nebenerwerbslandwirte) beleben mit ihrem unternehmerischen Esprit den Raum. Mit **enormem Einsatz** und Fleiß (die 55 Stunden Woche ist bei den Selbstständigen „normal") widmet man sich täglich neuen Herausforderungen. Trotz jährlich steigender finanzieller Belastungen, neuer Gesetze und strengerer Auflagen, erhöhter Dokumentationspflichten und härterer Arbeitnehmerschutz- und Produkthaftungsgesetze ist das Produzieren im Vulkanland „in". Durch aufopfernden Einsatz und im Beziehungsnetz zwischen Mitarbeitern, Lieferanten und Kunden hat man Erfolg vor Ort bzw. dort, wo die Fertigkeit und Handschlagsqualität gefragt sind.

Hohe Veredelung

Innovationen

Energie bringt Jobs

Die regionalen Trachten waren Auslöser zur Bewusstwerdung unseres handwerklichen Könnens und dessen Möglichkeiten der Inwertsetzung.

Immer mehr Menschen (auch außerhalb der Region) vertrauen den eigenen, qualitativen Produkten – man achtet auf die Herkunft. In den letzten Jahren wurde eine neue Regionsverbundenheit sichtbar: Das Vulkanland ist sympathisch, liebens- und lebenswert. Heimisches nutzen und konsumieren liegt im **Trend**. Regionalwirtschaft ist eine Frage der eigenen Lebenskultur und des Selbstwertes geworden. Man schätzt die Vielfalt, das innovative Angebot und die hohe Qualität. Was man durch die Regionalwirtschaft alles mitkauft, ist immens viel. Der intelligente Einkäufer erkennt mehr als nur den Preis vom Angebot.

Unsere Regionalwirtschaft ist eine menschliche und ökologische Austauschform. Moralisch, wie wirtschaftlich, ist sie eine kultivierte Art des schaffenden bzw. erzeugenden Tuns und der Beziehungspflege. Das Vulkanland provoziert das Eigene – die Auseinandersetzung mit und die Veredelung des **Unmittelbaren**. So ist es auch politische Kultur geworden, die eigenen Betriebe, UnternehmerInnen und GründerInnen in den Vordergrund zu stellen. In der Region gibt es vielfältige regionale Ressourcen, die mit den Talenten der Menschen vor Ort zu etwas Besonderem veredelt bzw. respektvoll genutzt werden. Innovationsklima ist immer auch Arbeitsmotivation. Die Regionalwirtschaft ist im Vulkanland gut positioniert. Das Vulkanland ist **Handwerk**, ist **Kulinarik** und ist **Lebenskraft**. Talente, Stärkefelder & Geschick, regionale Rohstoffe, 100% eigene Energie und unsere Kulturlandschaft sind die Alleinstellungsmerkmale unserer Zukunft und bereits gut verankerte Kultur. Mit der regionalen Rückbesinnung und durch den geschickten & schonenden Umgang mit regionalen Besonderheiten sichern wir nachhaltigen Erfolg und eine fundierte kulturelle Basis für die Regionalwirtschaft. Mit unserer Menschlichkeit und Wertschätzung auf allen Ebenen wird es eine zukunftsfähige Gesellschaft geben.

„Balance Regional- und Globalwirtschaft: Die wirtschaftliche Positionierung schafft Entwicklungsraum. Sie gibt Orientierung und Sicherheit."

Die vulkanländische Kulinarikszene kann besonders durch die heimische Gastronomie beflügelt werden. Diese neue Wirtshauskultur nutzt heimische Talente und birgt 1.000 Jobs in der Region.

Die Nutzung des **Regionalmarktes** ist eine Frage der Kultur. Sie fußt auf einer tiefen Regionsverbundenheit und umfasst viele Facetten: heimische Produkte, Rohwaren bzw. Dienste nutzen und konsumieren; regionale Energieträger einsetzen; auf wertbeständige Einrichtung bauen; die Wertstellung der örtlichen Freizeitnutzung leben; die Veredelung lokaler Rohstoffe zu Unikaten, lucullischer Kulinarik, erlesenen Meisterstücken; Revitalisierung und Reparatur; Entwicklung umfassender Dienstleistungen; angewandte Innovation; das Tätigen von wirtschaftlichen und privaten Investitionen vor Ort. Es ist ganz wesentlich, in welche Hände man sein Kapital legt!

„Wo man Geld hinzahlt bzw. einsetzt, entstehen Arbeitsplätze, Wirtschaftskraft und schlussendlich Macht."

Gemeinschaftsmarken

Freizeit vor Ort

Regionale Rohstoffe

WIRTSCHAFTLICHE POSITIONIERUNG

Die wirtschaftliche Positionierung im Vulkanland besteht aus der Kulinarischen Region, Europäischen Handwerksregion, Region der Lebenskraft und der Energievision 2025.

Kreativität ist eine nie versiegende, immaterielle Quelle. Sie ist Basis von Produktentwicklung und herausragendem Design.

Die Dynamisierung der Regionalwirtschaft wirkt nachhaltig und positiv. Die steigende Wirtschaftskompetenz und Nachfrage lässt mehr Betriebe entstehen und bewirkt mehr Arbeits-, Lehrstellen und Ferialjobs vor Ort. Wir können uns über belebte Orte, intakte Standorte und Vereinssponsoring freuen! Unsere Gemeinden können mit mehr Kommunalsteuer für das Gemeinwohl sorgen und neue Wirtschaftsparks schaffen. Mit steigender Wirtschaftskraft nehmen Gründungen wieder zu – die Veredelung vor Ort hinterlässt eine gepflegte Landschaft. Der lückenlose Zugang zu regionalen Angeboten und Produkten erleichtert das Einkaufen und erhöht die Kaufkraft vor Ort - mehr Wertschöpfung durch mehr Wertschätzung. Bis 2025 kann durch die Aktivierung der Regionalwirtschaft die **Wertschöpfung** der Leitsektoren im Vulkanland um ca. 450 Mio. Euro erhöht werden und über 7.000 Arbeitsstellen entstehen.

„Kreativität ist eine der wenigen Ressourcen, die man nicht ausbeuten kann. Kreativität schafft Wohlstand und Lebensqualität."

Sanfter Tourismus

Bleibende Werte

Innovation

Innovationskraft ist unsere unbegrenzte Ressource. Die Grundlagen des Wohlstandes sind geistiger Natur.

Den Reichtum des Vulkanlandes bestimmt zentral das eigene Potenzial an erfinderischen und aktiven Menschen mit ihren persönlichen Fähigkeiten. Der **Innovationspreis** hat über acht Jahre einen wichtigen Teil des kreativen Potenzials mit über 400 Projekten & Produkten gezeigt. Dazu muss man zwei Fähigkeiten erlernen: zu sehen was da ist und dies immer aufs Neue zu würdigen & wertzuschätzen. Geschickte UnternehmerInnen setzen daher auf Aus- und Weiterbildung der MitarbeiterInnen und investieren in ihre eigene. Wertschöpfung kommt aus der **Wertschätzung**. Was man schätzt, das entdeckt man auf immer neue Art und Weise – das ist der Start der Inwertsetzung. Und eben diese Wertschätzung

Lernende Region

Kooperation bei Festen

Intelligente Wohnkultur

INNOVATIONSPREIS

In den drei Bereichen Lebenskraft, Kulinarik und Handwerk werden jährlich Preise für innovative Produkte oder Konzepte vergeben. Weitere Ideen werden mit dem Zukunfts-, Pionier-, Kooperations- oder Architekturpreis gewürdigt.

www.vulkanland.at
Kategorie: Lernende Region

Seit 2005 wird der Innovationspreis im Vulkanland ausgeschrieben und vergeben. Im Schnitt wurden 51 Ideen, Projekte oder Produkte jedes Jahr eingereicht – bis dato in Summe ganze 409 Einreichungen!

verdient unsere Regionalwirtschaft. Sie kommt im Vulkanland für 83% der staatlichen Steuern auf (in Summe 580 Mio. Euro pro Jahr) und finanziert damit praktisch die öffentliche Hand und das gesamte Staatswesen. Ihre Steuern- und Abgabenleistung ermöglicht vor allem das Gesundheitssystem, das Sozialwesen, die Verwaltung, öffentliche Infrastruktur und die Ausbildung. Die Regionalwirtschaft basiert auf drei wichtigen Fundamenten, die fest in der Wirtschaftsstrategie der Zukunftsfähigkeit verankert sind: der Natur & ihren Leistungen, dem Erbe unserer Vorfahren (Bauten, Anlagen, Infrastruktur, Wissen, tradierte Lebenskultur), sowie den nicht erwerbswirtschaftlichen Tätigkeiten (Familien- und Hausar-

Hohe Auszeichnungen

Hightech & Design

Gemeinsame Werbung

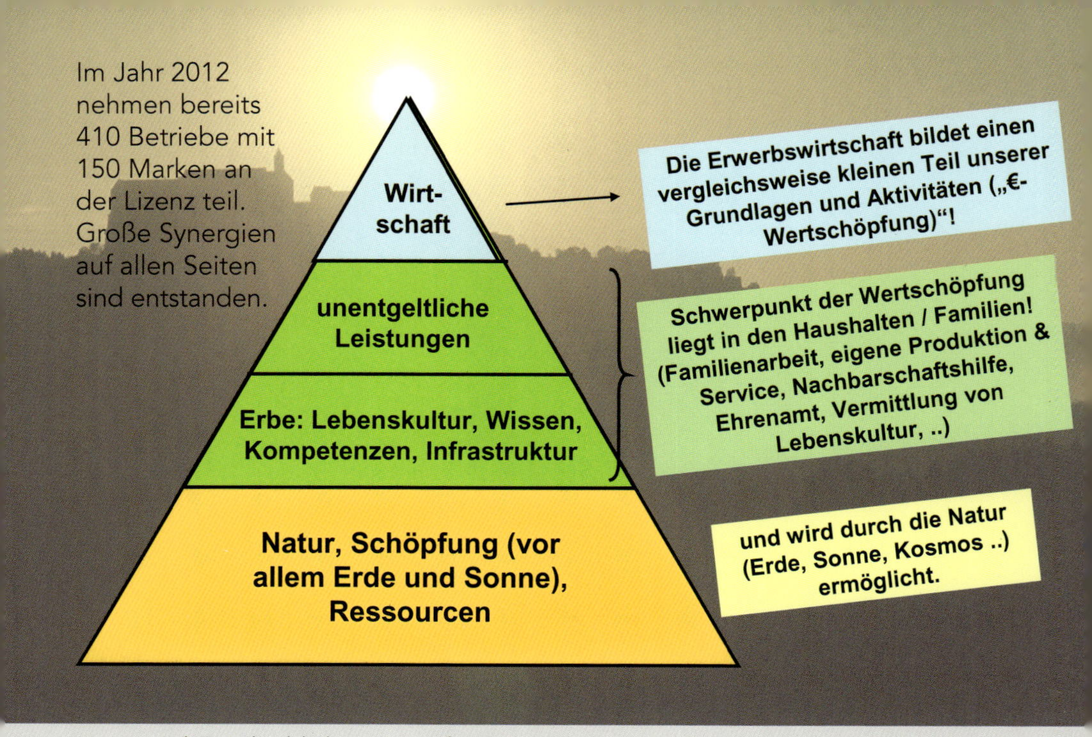

Natur und Familie bleiben Hauptfundamente der Regionalwirtschaft. Sie bilden Ausgangspunkt und Inspiration für neue, authentische Innovationen.

beit, Erziehung, Hilfe, Eigenleistungen in Nachbarschaft & Garten, Ehrenamt, Vereinswesen, etc.).

Die Wertschöpfung in der Regionalwirtschaft wird erst durch Natur, Kulturleistung in der Familie und Nichtgeldtätigkeiten möglich. Die Wertschätzung des Eigenen, des ehrlichen Produkts bzw. Angebotes und dessen Grundlagen schafft Wertschöpfung. Jeder von uns hat es selbst in der Hand: Sorgen wir für einen regionalen Austausch, denn das Gute liegt so nah. Lebendige Orte haben Charme. Wie bei den Produkten liegt auch das attraktive und abwechslungsreiche Freizeitangebot vor der Haustür. Mit neuem Be-

„Der Preis ist ein Messen der Besten und Ausdruck hoher Innovationskraft und erfolgreicher Wirtschaftskompetenzentwicklung."

Freizeitangebot

Soziale Innovation

Kreative Produkte

Strahlende PreisträgerInnen und Gemeindevertreter bei der Verleihung der Innovationspreise 2011 in der Kategorie Lebenskraft. Heute zählt Innovation bereits zur Kultur.

wusstsein und Eigenverantwortung kann die Regionalwirtschaft wieder Marktanteile zurückerobern und besser Fuß fassen. Es ist unser Regionswert, unsere „Aktie" und es sind unsere Einkommenschancen vor Ort. Im Steirischen Vulkanland ist in den letzten Jahren eine **Innovationskultur** entstanden, die ihre Wurzeln berücksichtigt und gleichzeitig direkt anwendungsorientiert ist. Es wird für konkrete Lösungen am Markt innoviert. Man sucht intelligente Lösungen für seine Kunden und geht gleichzeitig seinem leidenschaftlichen Erfindertum nach. Die Umsetzung der Energievision 2025 im Vulkanland (für mehr Wirtschaftskraft & Ökologie), die Schaffung von Mehrstoffzentren für eigene Werkstoffe, innovatives Handwerk und erlesene Kulinarik sind die logische Folge dieser Kultur.

Qualitätssprung

Schöne Züchtungen

Pioniere

Breite Wissensbasis

Durch die Aufbereitung und Sammlung der gemeinsamen Wissensbasis wurde ein intensiv vernetztes Vulkanland möglich.

Wissen wird in der heutigen Zeit als Ressource immer bedeutender. Im Jahr 1999 erkannte man im Vulkanland, dass aus regionaler Information und Kompetenz vor Ort das Besondere entstehen kann: So begann der Aufbau der vulkanländischen **Wissensbasis**. Diese macht Wissen vor Ort zugänglich, bereitet Grundlagen auf, erhebt Besonderheiten bzw. typisch Regionales und fördert eine neue Kultur: die Kultur Wissen zu teilen.

Das Wissen um das Eigene, um die Wurzeln und Vielfalt ist wesentlich, um **Selbstwert** aufzubauen und seine Herkunft zu verstehen. So begann z.B. Professor Johann Schleich vor vielen Jahren, die Einzigartigkeit von Menschen, Sitten & Erzählungen, Fertigkeiten und

Regionaler Wissensschatz

Mundart

Wissensmanagement

Schema Wissensaufbereitung und –teilen am Beispiel Handwerksregion Vulkanland

Orten aufzuzeichnen. Ihm verdanken wir heute Standardwerke wie „Sitte und Brauch", „Essen und Trinken", „Altes Handwerk", „Sagen und Schauplätze" im Steirischen Vulkanland, sowie diverse Sammlungen über Volksmedizin & Naturheilkunde, Kunst- & Kulturgeschichte und Mundart.

www.vulkanland.at

Im Rahmen der Gemeindezusammenarbeit wurde das regionale Wissensnetz unter www.vulkanland.at geschaffen. Dieses **digitale Rückgrat** im „Vernetzten Vulkanland" bildet die regionale Wissensbasis mit ca. 45.000 Inhaltsseiten und 10.000 verorteten regionalen Informationspunkten, die über ein digitales Geoinformationssystem auch mobil abrufbar sind oder über eine online Textsuche leicht auffindbar sind. Modular sind die Inhalte zielgruppenorientiert mit den 79 Vulkanlandgemeinden verknüpft. Dadurch wird die Aktualität gewährleistet – allein über 1.500 Veranstaltungen werden pro Jahr dort angekündigt. Nach 10 Jahren konsequenter Arbeit wurde das Portal das meistbesuchte der Region: Über 28.000 Besucher klicken sich pro Monat durch die Seiten, fast 1.500 sind davon auch Facebook-Friends.

„Wissen gehört heute fast selbstverständlich zur immateriellen Ressourcenbasis einer Gesellschaft."

Neben der virtuellen Welt des Wissens wird Wissen und Erfahrung von Mensch zu Mensch ausgetauscht oder in Büchern weitergegeben. In regionalen Stärkefeldern

Energievision

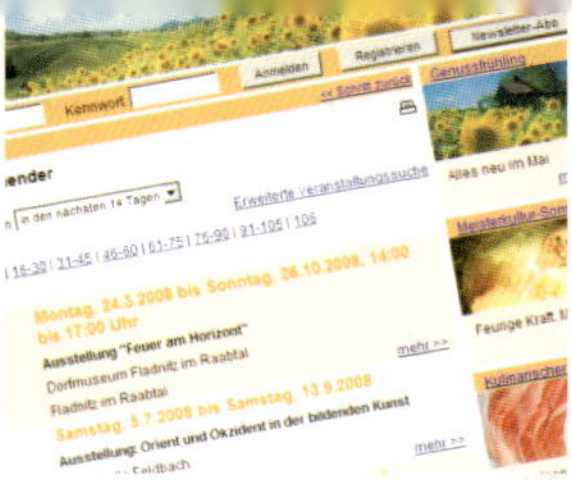

Veranstaltungsnetz

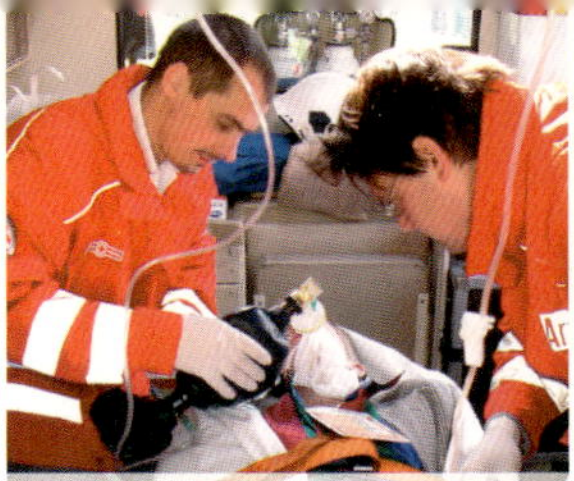

Gemeinnützige Vereine

Spuren der Vulkane

Neue Festkultur

Blasmusik & Chöre

Spiel der Region

Lebensgärten

Geomantie

Museen & Sammlungen

Bücher & Folder

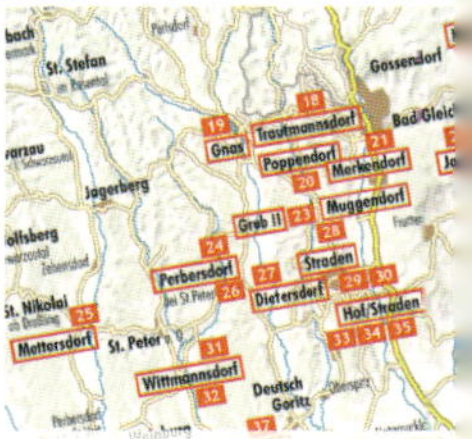

Touristische Punkte

wird mit Akteuren an **lebendigen Netzwerken** gearbeitet. Durch **Wissensteilung** und Wissenserweiterung entsteht eine neue Dynamik im Stärkefeld (vgl. Netzwerkbeispiele: Vulkanland Markenbetriebe, Lebensgärten, Museen und Sammlungen, Theaterbühnen, Chöre und Singkreise, Forum Lebenskraft und Gesundheit, Vulkanland Akademie, Agenda 21, Spuren der Vulkane). Dadurch profitiert sowohl das Netzwerk mit sichtbar werdender Kompetenz und Vielfalt, als auch der Informationssuchende durch die Erweiterung seiner Fähigkeiten und seines Bewusstseins für die Inhalte. Diese Doppelstrategie hat zu einer neuen Form der Beteiligungs-, Austausch-, und Innovationskultur geführt. In Verbindung mit einer begleitenden Evaluierung (Evaluierungskommission, Zukunftsdialog, etc.)

Neue Medien

Gemeinschaften

Wettbewerbe

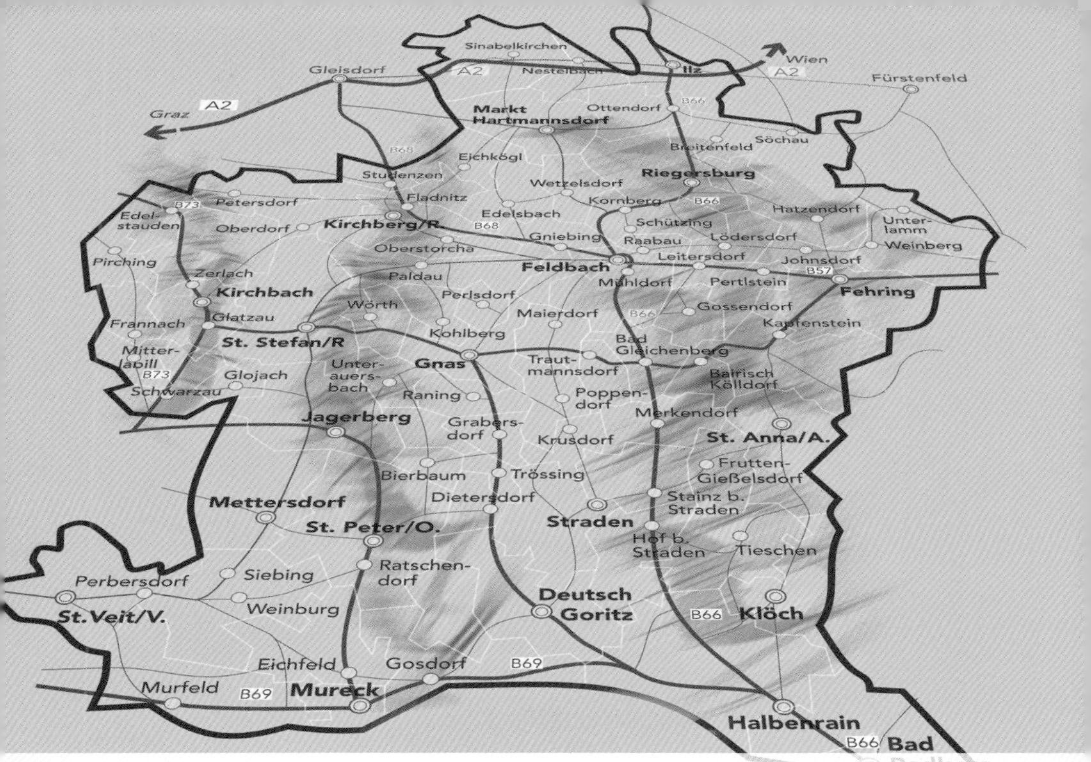

79 Gemeinden mit 104.000 Einwohnern bilden das Steirische Vulkanland.

bildet sie ein wichtiges Fundament in Richtung einer menschlich, ökologisch und wirtschaftlich zukunftsfähigen Region Steirisches Vulkanland. Gemeinsam werden die Erfolge der beharrlichen Zusammenarbeit sichtbar. Dieses „Wissensmanagement" hat im Vulkanland zu vielen Synergien geführt, bietet **Bürgerservice** und Unternehmerfreundlichkeit. So muss das Rad nicht immer neu erfunden werden. Wissen weiter zu schenken ist eine Frage der Ehre geworden, macht Spaß und erleichtert uns allen den Weg zur Zukunftsfähigkeit.

INTERNETPORTALE VULKANLAND

www.vulkanland.at *(Hauptportal Vulkanland)*

www.vulkanland.mobi *(touristische Punkte übers Handy)*

www.vulkanland.at/veranstaltungen

www.karte.vulkanland.at *(GPS-Koordinaten)*

www.spuren.at *(vernetzte Wanderwege)*

www.vulkanoid.at *(regionales Internetwissensspiel)*

www.mundart.vulkanland.at *(Dialekt-Wörterbuch)*

www.lebensgaerten.at *(Gärtner als Ausflugsziele)*

www.vulkanland.at/agenda21 *(Zukunftsfähigkeit)*

www.museen.vulkanland.at

www.archaeologie.vulkanland.at

www.chorgesang.vulkanland.at

www.theater.vulkanland.at

Handwerk

Vulkanland-Handwerker schaffen Lebensqualität - im Steirischen Vulkanland haben Meister ihre Fertigkeit über Generationen perfektioniert.

Das handwerkliche Talent und Geschick ist im Vulkanland unübertroffen. In jeder Siedlung gibt es Tausendsassa, Meister im Selbermachen, Bauen und „Basteln“. Dieses Talent wurde über Generationen weitergegeben – ein Gefühl für Materialien, technische Funktion und **praktische Lösungen.** Häuser werden errichtet, Einrichtung hergestellt, die Energieversorgung ausgetüftelt & gebaut, Maschinen repariert, Kostüme für die Ballettvorstellung genäht, das Bad umgebaut, Spielzeug repariert, ein Gerüst für die Rosen zusammengeschweißt, das Gartenhäuserl entworfen oder Autos in Stand gehalten, Werkzeug hergestellt, Hilfsmittel erdacht und gefinkelt umgesetzt. Für dieses praktische Können sind wir weit über unsere Grenzen hinaus bekannt.

Ästhetik und Kreativität

Können und Kraft

Hand am Werk

ÜBUNG MACHT DEN MEISTER

Dank der Bildung von Hausverstand und des veranlagten Geschicks hat das Handwerk im Vulkanland goldenen Boden. So liegt eine Lehre weiter im Trend. Jugendliche werden in ihrer Lehrzeit praktisch und emotional gefordert & geformt. Eine Lehre ist viel Wert, sie unterstützt die Entwicklung körperlich, seelisch und geistig.

Aus dem Wissen um Werkstoff, Lösungswege und Werkzeuge, sowie aus handwerklichem Talent entstehen kleine und große Meisterstücke von bleibendem Wert.

Es ist Teil des Hausverstandes. Und es ist Mittelpunkt bei der Inwertsetzung der Hof- und Hausarbeit, sowie Leitschiene bei der Realisierung der individuellen **Energievision**.

Das Selbermachen hat eine lange Geschichte in der Region. Man musste sich mit dem was da war selbst zu helfen wissen. So wurde viel erfunden, repariert und improvisiert. Da die Kinder oft mithelfen, wurde dieses Können ganz „nebenbei" an die nächste Generation weitergegeben. Dazu gehört auch der Umgang mit Werkstoffen und Materialien - auch hier galt es, das Vorhandene geschickt einzusetzen. Das bedarf genauer Kenntnis des Materials und seiner Eigenschaften. Es macht Freude und es hebt unseren Selbstwert, wenn wir unser Lebensumfeld selbst gestalten. Im Tun bauen wir unsere Fertigkeiten aus und lernen laufend dazu. Das handwerkliche **Geschick** wirkt nachhaltig - weniger Müll, kurze Wege, natürliche Werkstoffe, Reparatur und Werterhaltung durch Wartung. Das Reparieren und Erhalten von Substanz hat einen besonderen Wert. Nicht der Preis, sondern die Beziehung zu den Dingen bestimmt den wahren Wert. Indem wir unsere Kinder mithelfen lassen, mit ihnen gemeinsam etwas bauen, Ihnen auch den verantwortungsvollen Umgang mit Werkzeug und Material zeigen, geben wir auch Ihnen die Möglichkeit, diese Freude am selbst Gemachten zu haben und eine **werthaltige Beziehung** zu ihren Sachen aufzubauen.

Unsere **Handwerkskultur** setzt sich in der Regionalwirtschaft fort: Das Vulkanland ist eine Handwerkshochburg! Über hundert Kfz Werkstätten

Alles, was uns an gebauter und gestalteter Infrastruktur tagtäglich umgibt, wurde von Handwerkern geschaffen. Zollen wir dem Respekt.

und Tischlereien findet man bei uns, daneben über fünfzig Installateure, Baumeister, Metalltechniker, Stylisten bzw. Friseure und Gastronomen – um die wichtigsten Branchen zu nennen. Über 42 % der Wertschöpfung im Vulkanland leistet das Handwerk und fast 2/3 aller Lehrlinge werden hier ausgebildet! Hier bietet das Handwerk eine ganzheitliche Menschenbildung – Geschick, Können, Hirn und Gespür werden für praktikable Lösungen im Lehrling angelegt und reifen im Meister zur Vollendung. Das Handwerk ist **Kulturträger**. Lokale Rohstoffe, besondere Materialien, spezifisches Design bzw. typische Fertigungsarten machen das Handwerk einzigartig. Die/der MeisterIn ist Träger von Tradition und Lebenskultur. Ihr/Sein praktisch geschulter Verstand organisiert gekonnt Abläufe und Prozesse. Im direkten Marktverständnis „schaukelt" sie/er Kunden- und Lieferantenbeziehung. Oft begleitet sie/ihn dabei der Partner mit Herz und

„Wir sind die Europäische Handwerksregion. Nirgends gibt es so viele talentierte Menschen und Topunternehmen.“

Energievision 2025

Geschicklichkeit

Leidenschaft – und bringt sich ein in der Mitarbeiterführung, im Rechnungswesen, oder mi seinem/ihrem Faible für Design, Ästhetik und Kunst.

Die **Handschlagsqualität** ist ein zentraler Begriff der Handwerksethik. Der Handschlag besiegelt als Symbol das Ausgemachte. Im Vulkanland steht er darüber hinaus für Qualität mit Bestand und für gelebte Regionalität. Nur was ökologisch, menschlich aber auch wirtschaftlich nachhaltig ist, hat Bestand. Wer bestes Handwerk braucht, dem fallen die Vulkanlandhandwerker ein. Die Handwerksregion im Herzen Europas hat sich aus der traditionellen Kompetenz zu immer höherer Klasse entwickelt. Was hier entsteht, hat Wert.

Der **Meister** bzw. des **Meisters Hand am Werk** macht es besonders, beseelt es und gibt ihm Qualitäten, die über Generationen erhalten bleiben. Die Kostbarkeit auf Dauer ist dem echten Handwerk und der Maßarbeit vorbehalten. Die authentische Handwerkskultur im Steirischen Vulkanland ist Sinnbild wertstiftender Identität und erlesener Produkte. Einfühlungsvermögen mit kreativen Lösungen, schlichte Formen

Die Nutzung regionaler Materialien adelt das Produkt und gebiert durch die Verbindung zur Natur authentische Werte.

und Ästhetik gepaart mit Funktionalität, regionale Materialen und Werkstoffe, sowie schöpferische Begeisterung bringen Handwerk hervor, in dem ein Stück der Seele steckt. Vulkanlandhandwerk ist begehrt. Im Kraftfeld der Hand entsteht Wert.

Handwerk kann man hautnah in Manufakturen erleben, in denen Einblick in Herkunft, Arbeit und Qualität gewährt wird. In der lebendigen Kultur des Vulkanlandes webt Tradition und Moderne zeitloses Handwerk. Stücke aus Meisterhand schaffen gesicherte **Wertanlagen für Generationen**. Die fundierte Produktentwicklung und die Auseinandersetzung mit der Zukunft kreieren Leitprodukte und Objekte voll Vitalität mit Mehrwertgarantie. Die persönliche Beziehung zum Kunden, die umfassende Servicequalität und die Überschaubarkeit machen Handwerk zum Exportschlager. Man vertraut auf die Kompetenz, auf die Handschlagqualität und Lösungsorientierung. Man weiß seine Vorhaben gern in erfahrener Hand, denn nichts Geringeres als die Lebensqualität der KundInnen steht im Mittelpunkt des handwerklichen Könnens.

Kulinarik

Herausragende kulinarische Fertigkeiten sind bei uns zu Hause: in Küche, Keller und im Garten.

In einem Landstrich, wo die Früchte fast bei der Haustüre hereinwachsen, wundert es nicht, dass **kulinarisches Können** weit verbreitet ist. Das Wissen und die Fertigkeit bei der Zubereitung, Veredelung oder Haltbarmachung wird in den Familien großgeschrieben. Kochen und kulinarische Zubereitung sind wertvolles Kulturgut und gehören bei uns zum **Hausverstand**. Kekse, Gebäck und Kuchen stehen am Wochenende bzw. für Gäste stets bereit. Logisch, dass nur selbst gemachte Köstlichkeiten kredenzt werden. Aus dem eigenen Garten, der Küche und dem Keller schmeckt es am besten. „Die Liebe geht durch den Magen" und die innere Qualität von Lebensmitteln, sowie das gemeinschaftliche Essen im Rahmen der Familie,

Mit allen Sinnen genießen

Fein abgeschmeckt

Charismatische Produzenten

EINZIGARTIGE FESTKULTUR

Eine Vielzahl an Qualitätsprodukten und eine besondere Lebenskultur sorgen für eine einzigartige Festkultur.

Einige Beispiele:

www.schinkenfest.at
www.terravulkania.at
www.eruption.at
www.calderamost.at
www.tulpenfest.at
www.tauwein.at

Das Vulkanland ist bekannt für die Genussregion Schinken.

definieren einen Großteil unserer Gesundheit. So stehen die Produkte der **Hausmanufaktur** in der Wertigkeit über der Feinkost aus dem Regal. Nicht zufällig entstehen viele Innovationen im Vulkanland in „Küche & Garage".

Die reiche Kultur der Schmankerln setzt sich ins Wirtschaftsleben fort. Wir haben die höchste Dichte an Haubenköchen in der Steiermark. Weltweit sind Vulkanländer als Spitzenköche berühmt. Das Vulkanland ist in den letzten zehn Jahren zum **kulinarischen Mekka** gereift: ca. 300 Gasthöfe, 140 Cafes, 200 Buschenschänken und 570 Direktvermarkter sprechen für Vielfalt, Qualität und Stärke in der Regionalwirtschaft. Jährlich kommt eine stetig steigende Zahl aktiver Spitzenproduzenten hinzu. Kulinarisches erhält die Landschaft mit Geschmack! Die wunderschöne und intakte Kulturlandschaft ist unsere Belohnung.

Man ist überrascht, was man monatlich Neues aus dem Vulkanland im Verkaufsregal entdeckt. Die **Kreativität** der Produzenten hochwertiger Kulinarik scheint mittlerweile zu explodieren. Die Erweiterung der Produktpalette hat auch dazu geführt, dass vernachlässigte Bereiche, wie Teichwirtschaft, Sonderobst- und Gemüseanbau, wieder gestiegen sind. Das Edle erkennt man schon von außen am erlesenen **Produktdesign**, die Vorfreude über den Anblick lässt einem das Herz höher schlagen. Heute gibt es kaum eine Preisverleihung, bei der nicht die Sieger etliche Goldmedaillen bzw. Auszeichnungen nach Hause ins Vulkanland bringen. Der Lohn für ehrliche Produkte, handwerkliches

Nirgendwo in der Steiermark gibt es pro Einwohner eine so große Dichte und Auswahl an Haubenköchen wie im Vulkanland.

Können und beharrlicher Arbeit. Wo es so viel Neues zu entdecken gibt, zieht es Menschen von rundherum an. Unsere Kulinarik ist zum **Gästemagnet** geworden, die Besucherströme haben sich in den letzten Jahren vervierfacht. Dutzende besuchbare Manufakturen haben ihre Pforten für interessierte Gäste geöffnet: Erlebnis, Dabeisein, Architektur, Produktdesign, dem Produzenten über die Schulter schauen, Hineinspüren, vom Chef direkt Neues erfahren und Genießen. Interessierte Kunden treffen auf leidenschaftliche Kulinarikhersteller und lassen sich durch deren Philosophie verzaubern und inspirieren.

Das **Bewusstsein für Edles** ist gewachsen und erzeugt ein natürliches Empfinden für das Schöne, Edle, Ästhetische. Auch in der Gastronomie wird Vulkanlandkulinarik immer beliebter. Die gute

Innovierte Tradition

Hohe Veredelung

Vorbild Weinkultur

Gaststätte ist um Authentisches bemüht und gestaltet traditionelle & innovative Küche aus lokalen Produkten. Nicht nur das Essen macht im Gasthof auf die Region aufmerksam, die Mode im Service, die Tischtücher und Bilder, die Speisekarte, etc. beziehen sich auf die Herkunft. Das engagierte Personal ist über Produkte informiert, erzählt aus der Gegend und berät über Angebote, die es in der Nähe zu entdecken gibt. Und oft findet man beim Hinausgehen das Kulinarikregal, an dem man sich mit Geschenken und Besonderem eindeckt.

Die Vulkanland-Kulinarik ist zur Botschafterin der Region geworden – „do schmeckst'as Leb'n!"

Hausmanufaktur

Das Eigene bzw. Regionale, selbst veredelt, verfeinert und belebt, gewinnt wieder an Bedeutung. „Söwa g´mocht" wird im Steirischen Vulkanland zur Marke. Das Eigene & der lokale Austausch tun der Umwelt und dem Menschen gut. Das Kulturgut des typisch regionalen Speiseplanes wird heute wiederentdeckt und innoviert. Vom Frühstückstommerl mit Saurer Suppe bis zur Schwammerlsuppe mit Heidensterz bekommt man viel Tradition auf den Tisch. Kaum eine kulturelle Facette ist so reich & typisch wie die Ess- und Getränkekultur. Bewahren wir sie als einzigartigen Schatz und fügen wir ihr Wertvolles hinzu. Auch unsere höheren Lehranstalten für wirtschaftliche Berufe in Feldbach und Mureck, die Tourismusschule Bad Gleichenberg und die Landesberufschule für Tourismus, sowie viele Schulprojekte haben die **Kulinarik** im Vulkanland beflügelt. Hier trifft die Tradition auf jungen Geist. Die Folge ist Innovation.

„Die Liebe zur Region geht durch den Magen - man ist was man isst. Die Zubereitung regionaltypischer Speisen ist wertvolles Kulturgut."

Besondere Produkte brauchen wertvolle Ausgangstoffe und **exklusive Lagerräume**. Vulkanland-Handwerker schaffen besondere Keller-, Lager- und Präsentationsräume für Außergewöhnliches. „Nahe-Liegendes" und Neues kommt auf den Speiseplan: Inhaltsstoffreiche **Wildkräuter** werden gesammelt und verarbeitet. Naturnahe Wiesen und Waldränder werden zur Quelle von Genuss und Gesundheit.

Kochen und Haltbarmachen macht Spaß – besonders in der Gemeinschaft. So schmecken die Herrlichkeiten aus dem Garten allen und auch für den Winter liegen wichtige Vitamine bereit.

Frische Verarbeitung garantiert maximale Vitalität und Wert. Auch die Nutzung des traditionellen Heilwissens der Region macht den Kräuter- und Gemüsegarten zur Quelle heilsamer Hausmittel – so halten wir es mit Hippokrates: „Lass Nahrung deine Arznei und Arznei deine Nahrung sein!" Essen ist erleben. Wir entwickeln unsere Sinne für das wahre Kulinarium der saisonalen Köstlichkeiten. Kulinarik betrifft die tägliche Esskultur – den Stil, Kommunikation & Stille, die Zeit zum Zubereiten & Genießen, das Ambiente und die **Gesundheit**. Einmalige Lebensmittel erfordern **Authenzität und Qualität** im gesamten Herstellungsprozess - darauf muss man sich verlassen können. Genuss

„Die Vulkanland-Kulinarik ist zur Botschafterin der Region geworden."

Frisches Gebäck

Natürliche Genussmittel

Saftiges Fleisch

HAUSMANUFAKTUR

Die detaillierte Broschüre „Hausmanufaktur“ und Entwürfe von Etiketten können Sie unter ***http://www.vulkanland.at/hausmanufaktur*** herunterladen.

Die Entwürfe für die eigenen Etiketten können Sie unter http://www.vulkanland.at/hausmanufaktur herunterladen.

und Gesundheit werden bei Bioprodukten und anderen hochwertigen Produkten eins.
Die Verfeinerung des Lebensstils gelingt mit inhaltsreichen Produkten und ist Impuls für mehr Lebensqualität, Gesundheit & Zufriedenheit. Der eigene (Haus-)Garten bzw. die naturnahe Produktion gewinnen an Bedeutung. Gärtnern ist brandaktuell. Man will das im Wachsen & Reifen begleiten, was dann am Teller liegt. Sehen wir unsere Böden als Sparbuch und Klimachance. Investieren wir in ihren langfristigen Wert. Tauschen wir Produkte, Raritäten & Saatgut aus, bündeln wir Angebote, arbeiten wir an der Produktentwicklung weiter, teilen wir unser Wissen an der nachhaltigen Produktion und eröffnen wir so neue Erwerbschancen.

> „Lebensmittel, denen man vertrauen kann, auf die man seine Gesundheit bauen kann, sind LEBENsmittelPUNKT.“

Sprechen wir wertschätzend über inhaltsvolle Produkte – unseren Kindern und Enkeln zuliebe. Das Bewusstsein für ein Leben in Einklang mit der Natur als Basis für **gesunde Lebensmittel** steigt. Die regionale Küche wird zelebriert. Authentische Kochbücher geben Einblick in den Erfahrungsreichtum der Großmütter. So wird die tägliche Mahlzeit zur Quelle der Gesundheit und der Freude – denn kultivierter kulinarischer Genuss erfüllt mit Glück!

Edle Tropfen

Natürliche Heilkräfte

Die Inwertsetzung der natürlichen Heilkräfte bringt Lebensqualität und hält traditionelles Kulturgut lebendig.

Das Wissen der Kräuterweiber, Vieh- und Bauerndoktoren war in unserer Gegend legendär *<vgl. Bücher Prof. Johann Schleich>*. Heute noch ist das Wissen über natürliche Heilkräfte in den Familien weit verbreitet (und wird modern „Traditionelle Europäische Medizin" genannt). Die **„Naturapotheke"** bietet viel: Kräuter (Tees, Auszüge, Tinkturen, etc.), Holunder, Honig, Essig, Topfen, Gemüse u.v.m. – werden nach wie vor gerne verwendet. Dieses Wissen ist wichtig – es ist ein Erbe unserer Vorfahren und wichtiger Bestandteil unserer Lebenskultur. Denn die Gesundheit ist für alle Menschen äußerst kostbar. Der einseitig materiell bzw. finanziell orientierte Lebensstil führt zu vielen Krankheiten. Durch die Einschränkung auf Materielles entsteht eine see-

Energetische Anwendung

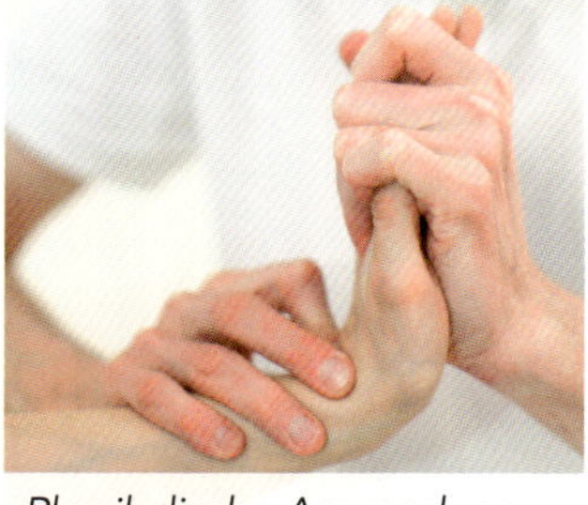

Physikalische Anwendung

Naturheilkunde

ZITAT VOM DALAI LAMA

Der Dalai Lama gab auf die Frage, was ihn am meisten überrascht, eine kurze Antwort:
„Der Mensch: denn er opfert seine Gesundheit, um Geld zu machen. Dann opfert er sein Geld, um seine Gesundheit wiederzuerlangen. Er fürchtet sich so vor der Zukunft, dass er die Gegenwart nicht genießt. Er lebt, als würde er nie sterben. Und dann stirbt er und hat nie wirklich gelebt."

Die Gesundheits-Vorsorge (Prävention) steht an der Spitze unserer Bemühungen. Bei der Inwertsetzung der natürlichen Heilkräfte wird das Zusammenwirken von Volksheilkunde, Prävention und Medizin gefördert.

lisch-spirituelle Verarmung des Menschen - mitten im materiellen Überfluss. So wird vielerorts Krankheit heute zum Geschäft. Bei höchster medizinischer Versorgung explodieren die Krankheitskosten. Überstrapazierte Krankenkassenbudgets, überlastete Spitäler und Arztpraxen sind Zeugen davon, dass man Gesundbleiben nicht delegieren kann. Es ist an der Zeit, den Mensch wieder als **ganzheitliches Wesen**, eingebettet in den eigenen Lebens- und Wirtschaftsraum, zu begreifen. Das Steirische Vulkanland will mit seinen 104.000 EinwohnerInnen die menschliche, ökologische und regionalwirtschaftliche Zukunftsfähigkeit erreichen. Neben der materiellen Erfüllung wird für uns die menschliche Erfüllung an Körper, Geist und Seele bedeutend. Das Zeitalter der aktiven Vorsorge ist angebrochen. Steigende Lebensqualität wird durch **eigenverantwortliches Handeln** zur Erhaltung der Gesundheit möglich. Prävention wird zum zentralen Begriff.

„Spiritualität ist konkrete, tägliche Arbeit an positiven Beziehungen und die Gestaltung einer positiven Gemeinschaft."

Durch die Inwertsetzung der natürlichen Heilkräfte rücken wir das positive Image der ganzheitlichen Gesundheit in die Öffentlichkeit und fördern das Zusammenwirken & den Dreiklang von Prävention, natürlichen Heilkräften & Medizin. Der große Erfahrungsschatz über Hausmedizin bzw. **Hausmittel** ist wertvolle Regionalkultur. Vom Selbersammeln, oder über das Anbauen bzw. Ernten, bis zum Erzeugen gibt es viel Wissen.

Mit dem Forum für Lebenskraft und Gesundheit und der Initiative Glückswochen bekommt Gesundheit eine ganzheitliche Dimension.

Von Kräutermischungen, Salben, Essigpatscherln, Topfenwickeln, Maiwipferlsirup, Löwenzahnhonig, Propolis, Knoblauch, Sauerkraut, Heublumen, Tierfetten, Lehm & Erde, heilsamen Wässern, Bädern mit Auszügen bis zur Naturkosmetik finden sich wirksame Rezepte in den Haushalten, die früher häufig in den Kochbüchern verwahrt wurden. Kaum überliefert sind immaterielle „Rezepte" darüber wie man gesund bleiben kann; wie ergänzend zur Ernährung, eine **gesundheitsfördernde Lebensweise** erlernt und behalten wird; wie in Balance zwischen Ruhe & Bewegung (bzw. manueller Arbeit), mit Dankbarkeit & Mäßigkeit, durch die Sonne (Licht, Morgenstunde) und Luft (Atmung) ein

„Verantwortung übernehmen heißt zur Ursache davon zu werden, was geschieht."

Musik & Klang

Lebensfreude

Sport & Bewegung

weiser Lebenszugang entsteht, der die immateriellen Werte nicht vernachlässigt. Das Wesentliche ist die Berücksichtigung aller Wesensebenen des Menschen. Albert Einstein sagte schon, dass das Leben wie ein Fahrrad sei – man muss sich fortbewegen, um nicht die Balance zu verlieren. Ungleichgewicht auf den Seinsebenen führt zum Verlust der Gesundheit. Entwicklung ist ein Schlüsselelement, um im Gleichgewicht zu bleiben. Und Entwicklung auf der Erde heißt immer sich vom Denken über das Fühlen bis ins Tun zu verändern. Der zweite Schlüssel ist die Gemeinschaft der Menschen. Tiefe & belastbare Beziehungen zwischen Menschen entstehen durch Vertrauen und bedingungslose Liebe. Liebe ist Basis einer gesunden Gemeinschaft. Nur sie kann aus den Sackgassen der Beziehungskrisen, Burnouts und Einsamkeiten führen. Es ist eine Frage der Lebenskultur, wo die Liebe „endet“: bei den Kindern, in der Familie, im Dorf oder hinter der Grenze. In diesem Sinne **helfen wir uns gegenseitig** in Prävention und Lebensführung. Geben wir Mut zum Selbsttätig-Handeln. Werden wir eine „gesunde Region“ voll Lebenskraft, wo

täglich mehr glückliche & zufriedene Menschen leben. Die Gesundheit des Menschen wächst im harmonischen Zusammenwirken seiner **seelisch-spirituellen** und **physischen Körper**. Der Mensch ist ein vielschichtiges, sich entwickelndes Wesen, daher ist eigenverantwortliches Handeln das wichtigste Element für unsere Gesundheit. Wir entwickeln Vertrauen in unsere Fähigkeiten & Talente und erweitern den Wissensschatz. Abhängigkeiten und das Verlassen auf andere werden durch Bewusstsein und eigene Aktivität ersetzt. In dieser wachsenden Mündigkeit lernen wir unsere Ressourcen immer umfassender zu nutzen und diese auch für anhaltende Gesundheit einzusetzen.

„Glück gibt es nur gemeinsam!“

Durch den erweiterten Blick auf Gesundheit und seelisch-spirituelle Nahrung rückt eine Vielzahl von Möglichkeiten eine gesunde Lebensweise für sich zu entdecken ins Blickfeld. Mit den **Glückswochen** und dem **Forum für Gesundheit und Lebenskraft** ermöglicht das Steirische Vulkanland das einfache Kennenlernen vieler immaterieller Wege. Unsere Region ist reich an AnbieterInnen, die ihre Erfahrungen & Energien auf diesen Gebieten weitergeben wollen. Lassen wir uns von den vielen wertvollen Beiträgen inspirieren und entdecken wir die in uns schlummernden & die uns umgebenden natürlichen Heilkräfte.

Zufriedenheit

Die Spuren der Vulkane

Auf den Spuren der Vulkane entdecken wir Schritt für Schritt unsere Heimat und uns selbst. Die Region lädt zur inneren Einkehr.

Weil die Lebendigkeit eines Landstriches von der Natur und den Menschen abhängt, zählen wir die Lebenskraft zu den immateriellen Ressourcen. Die herrliche Kulturlandschaft des Vulkanlandes lädt zum Wandern und Verweilen ein. Aussichten und Einsichten eröffnen Weite und Ruhe. Dadurch entstehen gleichzeitig Geborgenheit und Freiheit als Qualitäten im Land der Vulkane. Die weiblich geschwungenen Formen der Topographie erzeugen Lieblichkeit und wirken auf uns beruhigend. Die Landschaft vermittelt den natürlichen Rhythmus des Lebens, das Ein- und Ausatmen, den Herzschlag, den Zyklus von Tag & Nacht und den Wechsel der Jahreszeiten. Damit entsteht ein starkes Naturempfinden, das Augen und Herz öffnet. Die

Erlebnispunkte

Aussichtspunkte

Neues entdecken

VERNETZTE WANDERWEGE

600 Kilometer vernetzte Wanderwege - vgl. Kompass Wanderführer „Steirisches Vulkanland" mit Routenbeschreibung auf 144 Seiten.

www.spuren.at

www.vulkanland.mobi wanderwege

www.karte.vulkanland.at

Die Spuren der Vulkane laden zu Spaziergängen, Tagestouren oder längeren Wanderungen ein. Für jeden und jede Zeit gibt es etwas Passendes.

Schönheit der Landschaft ist lieblich und hat weiblichen Charme.
Im Jahr 2003 wurde die Idee geboren, den Bezug des Menschen zur Landschaft deutlich zu machen. Die „Spuren der Vulkane" - in Form eines Menschen in der Landschaft - wurden geboren und seitdem ausgebaut. Die Verbindung von Geomantie und Landschaft (als Methode zur tiefen Verbindung von Mensch & Landschaft, siehe unten) haben die Gemeinden mit vielen engagierten BürgerInnen als gemeinsames Wegenetzwerk umgesetzt. Die einzelnen Wege & Stationen laden ein, sich mit seinem Körper und dessen Hintergründen auseinanderzusetzen. Mittlerweile erfreuen sich tausende Vulkanländer und Gäste an den Spuren der Vulkane. Dort lernen sie „Neuland" auf rund 650 km markierten Wegen und 50 Rundwegen kennen. Diese in Österreich einzigartige Initiative hat viele Freizeitangebote einer Region vernetzt – das ist gelebte Kooperationskultur und ein fulminanter Rahmen für unsere Freizeit. Die meisten Angebote des Erlebnis- & Erfahrungsweges findet man im Karteninformationssystem Vulkanland (siehe www.karte.vulkanland.at), dort sind auch das ausgezeichnete Radwegenetz und viele GPS-Tracks zu finden.

„Wir sind wer wir sind, weil wir nicht versucht haben anders zu sein."

Neben dem Wandern erfreut sich das Radfahren immer größerer Beliebtheit. Das dichte Wegenetz und die vielen beschilderten Radwege der Region laden ein.

Als Wander- und Ausflugsmotive sind Natur/Landschaft mit 62% und Gesundheit mit 48% Spitzenreiter, gefolgt von Stille/Ruhe genießen (41%), mit Freunden unterwegs sein (38%) und Kennenlernen unbekannter Regionen mit 25%. Die Gemeinden des Vulkanlandes haben Erlebnis- und Rastplätze auf den Wanderwegen geschaffen, die die Thematik des Ortes unterstützen, die Reise unterhaltsam machen und erleichtern. Es gibt immer etwas für Kinder und auch Erwachsene. Von ausgewählten Aussichtspunkten kann man „ins Land eini schaun" und findet auf Tafeln Orientierung und Information über die Blickfänge. Wir tanken Lebenskraft in der Freizeit. Auf den Spuren der Vulkane genießen wir Schritt für Schritt die frische Luft. Am Weg eröffnen sich uns die kleinen und großen Wunder unserer Mutter Erde. Obwohl die Elemente Feuer und Wasser beim Wandern heute selten direkt zu erfahren sind, begleiten sie uns

„Eine Wanderung ist eine Begegnung mit der Landschaft, und sie ist eine Reise ins Innere, zu uns selbst!"

Einkehr & Rast

Entspannung

feinstofflich auf Schritt und Tritt. Der Vulkanismus der Region ist eine großartige Besonderheit, die schon im 18. Jahrhundert berühmte Ärzte und Forscher in die Region der Gleichen-Berge und in ihren Bann zog.
Vor allem Familien, Wanderer, Gourmets und Freunde erlesener Handwerkskultur sind von unserer Region begeistert. Zu persönlichen Angeboten gehören authentische, besondere Herbergen, die Gästen ein zu Hause im Vulkanland schaffen. Unsere Gastgeber und Reisebegleiter wissen viel zu erzählen: über Sagen & Mythen, Besonderheiten der Landschaft, der Tier- & Pflanzenwelt oder von den Menschen. Reisebegleiter verzaubern und inspirieren durch ihre Philosophie. Es sind die Themen und die bleibenden Werte der Lebenskultur, die erwandert und besucht werden. Einen der wichtigsten Erfahrungsräume spannt die Begegnung mit anderen Menschen auf. Gast und Vulkanländer treffen einander. Freundlichkeit und Gastlichkeit öffnen Herz und Verstand.

Die vulkanländische Lebenskultur setzt auf ehrliche, beständige Werte. Unsere eigene Lebensqualität wird Maß für die

Die wunderschöne Landschaft sieht aus allen Blickwinkeln anders aus. Sichtfenster und Aussichtsplattformen lassen uns die Gegend genießen.

Wohlfühlqualität unserer Gäste. Reisende aller Epochen wollen an der Lebenskultur der Menschen, die den Raum prägten, Anteil nehmen. Für sie zählen die typischen Angebote, die Mentalität und der Lebensraum in seiner Gesamtheit. Sie wollen in die Seele der Region eintauchen und das Wirken des dortigen Geistes erfahren. Die Ruhe, unser kostbares Gut, hilft ihnen dabei. In ihr liegt die Kraft.

„Die Eigenart reibt und schärft sich am Fremden."

Im Schritt des Wanderns wird die Region am genauesten gemessen, im Gehen lernen wir Maß halten. Auf den menschlichen Körper bezogene Plätze entlang der Spuren unterstützen unsere Verschmelzung mit der Landschaft. Aus der Tradition und dem Jetzt erwächst nachhaltige Lebenskultur. Im Lebenskraft-Tourismus wird der Erfolg der Angebote am Lebenskulturgewinn für die Gemeinschaft gemessen. Die Spuren bieten ein Genusswandern, meditatives Erwandern der Heimat, gemütliches Einkehren und Erholung - nur dort wo wir zu Fuß waren, waren wir wirklich!

Weisheit der Erde

Durch die „Geomantie" bekommt die Beziehung zwischen Mensch und Mutter Erde neue Inhalte und Dimensionen.

Die Beziehung von Mensch und Landschaft ist eine innige. Das Verwurzeln und viele Bezugspunkte der Identität laufen über die natürliche Umgebung. Vieles davon ist unbewusst, aber wenn sich z.B. die eigenen vier Wände, der Garten oder der ganze Lebensraum ändern (durch einen Umzug), dann geht einem etwas ab. Und das nicht nur optisch, sondern „gefühlsmäßig" (also seelisch). Es sind viele **Beziehungen**, die wir mit unserem Lebensraum aufbauen, die umso tiefer werden, je intensiver man sich gegenseitig schätzt. Diese großteils unbewussten Beziehungen sind Teil unserer Lebenskultur. Wo wir zu Hause sind „kennen wir jeden Winkel", wie die Wege laufen, woher das Wetter kommt, wo die ersten Schneeglöckchen blühen oder wo die Rehe

Inspiration

Heilige Plätze

Erhabene Orte

BUCHTIPP „GEOMANTIE“

Schema des feurig-ätherischen Energieflusses in der Landschaft – vom Gleichenberger Kogel ausgehend, über den Rücken des Stradner Kogels bis nach Unterlaasen.

wechseln. Diese „Landkarte der unsichtbaren Fäden“ ist Realität. Die „Geomantie“ versucht, diese feinstofflichen Verbindungen bewusster und erfahrbarer zu machen.

Die **Geomantie** als Praxis der bewussten Verbindungsaufnahme von Mensch & Landschaft wurde in den Spuren der Vulkane (siehe oben) als Wegenetzwerk umgesetzt. Diese Spuren stellen einen Menschen in der Landschaft dar, auf dem die einzelnen Wege & Stationen einladen, sich mit seinem Körper und dessen Hintergründen auseinanderzusetzen. Wandern, Staunen & Verweilen stellen die einfachsten Formen des Austausches mit der Landschaft dar. Schon das erhebende Gefühl einer schönen Aussicht setzt Energieströme frei.

Jeder kann das Gefühl, das „gute“ Häuser, wo herzliche Familien wohnen, vom „mulmigen“, das manche Gebäuden auslösen, unterscheiden. Der Volksmund sagt: „das steckt in den Mauern“ und meint damit die Umgangsweisen, Taten und Gefühle, die einen Ort geprägt haben. Und das wird über die Zeit spürbar. Wir kennen auch in der Natur die kraftvollen Plätze, die wunderschönen, die unheimlichen und solche, wo wir am liebsten gleich weggehen wollen. Um diese Qualitäten der Orte und ihr Wechselspiel geht es in der Geomantie. Sie ist der westliche Zweig des fernöstlichen Feng-Shui und beschäftigt sich mit den Lebensfeldern der Erde. Unsere Taten und Gedanken hinterlassen mannigfache Spuren

> *„Wie jeder Mensch hat jede Region & jeder Ort eine Seele, Talente und einen Charakter.“*

Am Waltrafelsen in Jamm bei St. Anna/A. erzählt die Sage der „Unifrauen" die Geschichte der Zusammenarbeit von Menschen und Naturwesenheiten.

in uns und unserer Umgebung, die wir spüren können, aber nicht immer sehen. Auch Orte, Bildstöcke oder Bäume „stehen für etwas", sind bewusstes oder unbewusstes Symbol für Werthaltungen oder Geschehnisse der Gegenwart und Vergangenheit. Wo die eigene Spur auf solche Wertentsprechungen stößt, entsteht **fühlbare Resonanz**. Wer sich auf die Spuren der Vulkane einlässt, erwandert sich, die äußere Natur und die Menschen, die dort leben und ihre Heimat liebevoll gestalten. Der Begriff Geomantie bedeutet auch **Weisheit** der Erde. Die Natur ist eine große Lehrerin der wirkenden Gesetze & Prinzipien. Von Anbeginn an haben Menschen wichtige Handlungen mit speziellen Orten & Zeiten in Einklang gebracht. Für Siedlungen, kultische Handlungen oder Ortsmittelpunkte wurden die Plätze sehr bewusst gewählt, um die jeweilige Tätigkeit zu fördern. Mit den Informationen und Schwingungen eines Ortes treten wir in Resonanz. Sie beeinflussen unser Denken, Fühlen und Handeln.

Im Mittelalter war man der Ansicht, die Erde sei ein scheibenförmiger, unbegrenzter Ressourcenraum, dem man alles entnehmen und die Abfälle wieder geben konnte. Heute wissen die meisten, dass die Erde begrenzt ist und ihre Ressourcen bei 7 Mrd. Menschen gut genutzt werden sollten. Daraus resultierte die Einstellung zu Umweltschutz, biologischer Produktion oder Entwicklungspart-

Einssein

Freundschaft

Raum und Mensch

nerschaften. Die Geomantie geht einen Schritt weiter: Sie betrachtet **Mutter Erde als Lebewesen** und Partnerin der Menschheit. Ein Verständnis der Realität, das viel weitreichender ist, tiefer geht und viele kulturelle Folgen hat. Geomantie steht für eine tiefe Verbindung zur Natur als Wesenheit, die Grundlage unserer Existenz ist. Womit sollten wir einen größeren „Hoagl hobn", als mit unserer Lebensgrundlage? Die Achtung vor den Elementen und Wesen fördert die nachhaltige Bewirtschaftung unserer Böden, Räume und Gewässer. Die **Vitalität** unserer Landschaft ist einzigartig.

Franz von Assisi, der Patron des Vulkanlandes, spricht mit den Wölfen, predigt den Vögeln, wirkt auf Pflanzen, nennt den Mond seine Schwester, etc. und zeigt damit, dass alles in Natur und Kosmos lebendig ist.

Franz von Assisi, ein großes Vorbild und Schutzpatron des Vulkanlandes, spricht mit den Wölfen, predigt den Vögeln, wirkt auf die Pflanzen, nennt den Mond seine „Schwester", etc.. Diese Zuwendung, die Ansprache, das Zutrauen, die Wertschätzung, der Dank, etc. zeigen, dass alles, was in Natur und Kosmos ist, lebendig und heilig ist. Alles steht in einem Zusammenhang und kooperiert in einem großen Wirkungskreis. Wir befinden uns mit der Erde und allem, was sich auf ihr befindet (sowie mit dem gesamten Kosmos) in einer gemeinsamen Entwicklung. Wandel ist damit unser Alltag, unsere abwechslungsreiche Ewigkeit. Neben den materiellen, körperlichen Qualitäten existieren seelische und geistige Qualitäten in jeder Landschaft.

Der Mensch ist seit jeher durch seine aufrechte Gestalt Mittler und Gestalter zwischen Himmel und Erde, zwischen Vater und Mutter. Die Geomantie hilft uns, den Zugang zu unserer Seele und zur Seele der Landschaft wieder zu finden und dadurch unsere menschlichen Potenziale der geistig-seelischen Ebene weiter zu entwickeln. In Zukunft wollen wir nicht mehr vergessen, dass **Geist** und **Seele** wesentliche Aspekte unseres Lebens sind. Ein Geben für Empfangenes entsteht zwischen Menschen und Erde in der wechselseitig heilbringenden Beziehung im Lebensraum. Im Idealfall befruchten sich in **liebevollem Zusammenwirken** Erde, Pflanze, Tier, Mensch und Kosmos und potenzieren so die Strahlkraft des Organismus auf den Ebenen geistige Wirksamkeit, emotional-seelische Kräfte und materielle Entfaltung.

Museen & Archäologie

Sammlungen und Fundstätten dokumentieren besondere Stationen der Geschichte und vergangener Kulturen im Vulkanland.

Unsere Region ist reich an unterschiedlichsten Schätzen – vom Natur-, über den Kulturraum, von einer ausgeprägten Lebenskultur bis hin zu einer aktiven und attraktiven Regionalwirtschaft. Was jedoch nicht viele wissen: Unsere Region ist auch reich an einer unglaublichen Vielfalt an Museen. Bunt wie das Vulkanland im Herbst präsentieren sich über **45 Museen und Sammlungen**, große und kleine, öffentliche und private, den Besuchern. Mit großer Liebe, viel Fingerspitzengefühl und Engagement wurden Exponate gesammelt und die Museen von besonderen Menschen eingerichtet, die teilweise sogar ihr eigenes Zuhause den Besuchern geöffnet haben. Unter großen Entbehrungen, mit hohem finanziellen und zeitlichen

Spannendes Erleben

Sammlungen

Museen

MUSEEN UND SAMMLUNGEN

Ganze 47 Museen und Sammlungen im Vulkanland laden zum Besuch ein. Öffnungszeiten & Details *www.museen.vulkanland.at*

Alle 40 Fundstätten und Lapidarien sind unter *www.archaeologie.vulkanland.at* zu finden. Wer in diese Gegenstände eintaucht, besucht andere Zeiten und Kulturen.

Das Netzwerk der Museen, Sammlungen und Fundplätze im Vulkanland wächst jedes Jahr dank der großen Initiative von Obmann Heinz Kranzelbinder.

Aufwand wurde der Lebenstraum erfüllt und der Sammlerleidenschaft ein würdiger Rahmen gegeben.

Die bunte Museumslandschaft (Umfang, Qualitäten, Art der Präsentation, Themen) ermöglicht heute eine einzigartige Entdeckungsreise. Es gibt Dorf- und Heimatmuseen, Römer- und Handwerksmuseen. Die **Themen** umfassen weiters z.B. Brückenbauen, Bienen, Motorräder, Motorsägen, Haushalt, Landmaschinen, Nahversorgung, Jagd, Landleben, Feuerwehr und Weinbau. Diese Themenbreite und die Verschiedenheit der charakterstarken Betreiber sind das Markenzeichen der Museumsinitiative im Vulkanland, die von Heinz Kranzelbinder seit 2002 vorbildlich geleitet wird.

Mit Erfolg - die Museen und Sammlungen im Vulkanland wurden 2007 vom Land als „Beste Volkskulturinitiative der Steiermark" ausgezeichnet. Alle Details sind unter **www.museen.vulkanland.at** zu finden.

Neben den heimat- und volkskundlichen Museen findet man im Vulkanland nun auch Sammlungen bzw. Stätten mit archäologischen Präsentationen, die seit 2009 eine weitere Plattform voll Raritäten darstellen. **Archäologische Museen & Fundplätze**, wie urgeschichtliche Siedlungen, römische Villen, Hügelgräber oder Schanzen, und Orte, an denen sich archäologisch interessante und wichtige Funde, sogenannte „Lapidarien" befinden, wie Ruinen, Siedlungsreste oder Römersteine (**www.archaeologie.vulkanland.at**) sind darin vertreten.

Durch all diese Stätten und Sammlungen wird einem das immaterielle (Kul-

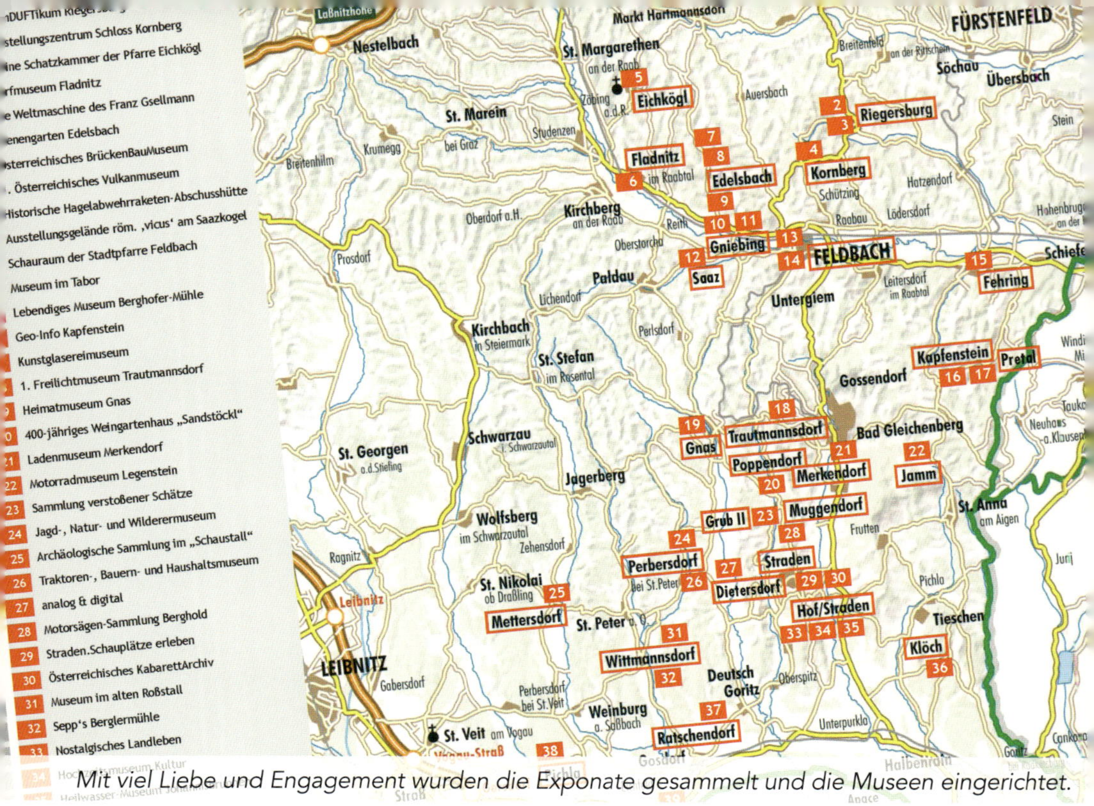

Mit viel Liebe und Engagement wurden die Exponate gesammelt und die Museen eingerichtet.

tur-)Erbe nahe gebracht und trägt dazu bei, ein Bewusstsein für die **frühe Geschichte** zu schaffen. Mit der Gründung der Plattformen „Museen & Sammlungen" bzw. „Archäologie im Vulkanland" wurde die **bunte Vielfalt** an Funden, Ausstellungen & Präsentationen vereint und in der Öffentlichkeit präsent. Dank der hervorragenden Dokumentation kann man sich leicht über Inhalte, Öffnungszeiten und Anreise informieren.

Ein Museum zu besuchen ist oft ein willkommenes Schlechtwetterprogramm. Nachdem der größte Teil unserer Museen und Sammlungen von Privatpersonen betrieben wird, sollten wir dies durch unseren Besuch würdigen. Viel wertvolle Freizeit, Geld,

„Die Museumslandschaft ist bunt wie das Vulkanland im Herbst."

Kurse

Exkursionen

Führungen

Energie und Herzblut werden in die Gestaltung und Instandhaltung der Museen gesteckt. Höchste Zeit also, die heimische Museumslandschaft zu erkunden und sich bei den Betreibern für ihre Mühen und ihren Einsatz zu bedanken. Durch sie bleiben sonst in Vergessenheit geratene Techniken, Kulturen, Gerätschaften uvm. – allesamt **Wurzeln zur Herkunft** und Tradition der Kultur – im Gedächtnis erhalten.

Es ist die Kultur unserer Ahnen. Johann Wolfgang von Goethe sagte: „Zwei Dinge sollen Kinder von ihren Eltern bekommen: Wurzeln und Flügel." Und hier liegen starke Wurzeln vor uns, die unsere Lebensbäume hoch hinaus wachsen lassen.

So lernen wir neu und bewusst das Erbe schätzen – um von dort Inspiration und Kraft auf unserem Weg zur Einzigartigkeit zu erhalten.

Burgen und Schlösser oder die originalgetreu nachgebildete Schiffsmühle an der Mur sind wohl die prominentesten kulturhistorischen Erben im Vulkanland.

Projekttage

Jugend forscht

Eintauchen in Kirchberg

Kunst & Kultur

Bleibende Werte im Wandel der Zeiten bzw. Zeugen vergangener Werte und künstlerisch-handwerklicher Fertigkeiten.

Werkzeuge, Gefäße, Kunstgegenstände, Gräber und Fundamente von Behausungen bezeugen die Besiedelung des Vulkanlandes seit über 4.000 Jahren. Vor rund 1.000 Jahren setzte gezielt die Besiedelung des Raumes ein. Von dieser Zeit an (bis ins 19. Jhdt.) sind viele **Burgen, Schlösser und Kirchen** entstanden: Orte historischer Baukultur mit Superlativen sind die Riegersburg, Schloss Hainfeld und Schloss Bertholdstein. Die Schlösser Halbenrain, Kornberg, Weinburg, Brunnsee, Bad Gleichenberg, Hohenbrugg, Johnsdorf, Kapfenstein und Kirchberg sind noch gut erhalten und genutzt. Kirchen mit Tabor entstanden in Feldbach und Fehring. Gotteshäuser mit kunstgeschichtlichen Kleinoden befinden sich auch in Ilz,

Kulinarik & Kunst

Burgen und Schlösser

Sakrale Kunst

LAND AUS FEUER & WASSER

Das Steirische Vulkanland - **Land aus Feuer und Wasser** (2002) von Professor Johann Schleich, inklusive einer kleinen kunstgeschichtlichen Reise, sowie Informationen über Sitte und Brauchtum.

Sagenumwobene, mystische Orte erzählen Geschichten von besonderen Plätzen und deren feinstofflichen Qualitäten.

Markt Hartmannsdorf, Sinabelkirchen, Jagerberg, St. Stefan i. R., Kirchberg a. d. R., Kirchbach, St. Anna a. A., St. Veit am Vogau, Eichkögl, St. Peter am Ottersbach, Mureck, Straden, Trautmannsdorf, Kapfenstein, Hatzendorf, Klöch, Breitenfeld a.d.R. und Gnas. Architektur, Bilder, Statuen, Gewänder und handwerkliche Gegenstände bzw. Ornamente haben Jahrhunderte überdauert.

Das Vulkanland ist auch reich an **Mythen und Sagen**. Sie wissen im Kern von der feinstofflichen Qualität von Orten und Gebieten zu erzählen. Besondere Gestalten wie Unifrauen & Moarfräulein, der Schratl, die Wilde Gjoad und Wetterhexen sind typisch für die Gegend und symbolisieren helfende bzw. bewahrende Naturwesen. Die Sagenthemen Blumenwunder und Wunderbründl weisen auf besondere Ortsqualitäten hin. Die vielen Sagen über Türken, Kuruzzen und Hunnen erinnern an die leidvollen Tage der Kriege und Plünderungen. Der Glaube an „bessere Tage" gab schon in der Vergangenheit den BewohnerInnen die Kraft und Verankerung, im Grenzraum, zwischen Kriegen, Pest und Hunger, zu überleben. Kapellen und Marterln sind bleibende Zeichen der **Glaubenskultur** unserer Vorfahren und werden Ausdruck unserer erneuerten Beziehung zum Göttlichen.

Über die nächsten Jahrhunderte wird sich zeigen, was von der zeitgenössischen Kunst und Architektur Wegbereiter für die Zukunftsfähigkeit war.

Im jüngsten kulturhistorischen Abschnitt sind Kuriositäten und Lebenswerke wie die Weltmaschine in Edelsbach, die Murecker Schiffsmühle, die Franz von Assisi Skulptur in Tieschen, die Aussichtswarte in St. Peter a.O. oder das Handwerkerdörfl in Pichla entstanden. Diverse Museen und Sammlungen (siehe oben) haben Stücke historischer Lebensbereiche erhalten. Durch diese Rückblicke erkennen wir die Veränderung, den „Zahn" der Zeit. Der stetige Wandel wird deutlich, und auch die Frage, was die Jahrhunderte überdauern wird bzw. soll. Es ist ein Betrachten unserer **Wurzeln** und ermöglicht eine bewusste Auswahl an „Lebensadern". Leider ist besonders schwer rückzuverfolgen, welche immateriellen Inhalte und Meister hinter den Fundstücken bzw. Bauwerken standen. Ebenso sind heute im Vulkanland viele talentierte KünstlerInnen aus Musik, Malerei, Architektur, Bildhauerei und Aktionskunst tätig. Die Kunstszene zeigt, wie viel Training, Kultivierung und Leidenschaft auf dem Weg zur **Meisterschaft** seiner Talente benötigt werden. Aber auch, wie viel Zuhörer bzw. Bewunderer man dadurch erreichen kann. Durch die Weiterentwicklung der gewachsenen Tradition, der lebendigen Identität des Vulkanlandes und durch die Kultivierung der menschlichen Talente entsteht neues Denken, Können und Wollen. Dies sind die Eltern der lebendigen Innovation, die weder vor Kunst, Produkten noch Dienstleistungen halt macht.

Die Lebenskultur wird sichtbar und erlebbar. Aus ihr wachsen und erblühen vielfältige Formen von Zusammenleben, Regionalwirtschaften, Kulturlandschaften und Kunst. Die heimische Kunst spiegelt neben der Lebenskultur

Lesungen

Handwerk & Kunst

wider, wer wir sind bzw. sein wollen. Auch hier gehen wir den besonderen Weg der gemeinschafts- und zukunftsfähigen Werte. Es gilt das Beste, das wir haben oder realisieren können, auszutauschen und uns zu höheren Idealen vorzuarbeiten, im ehrlichen Bemühen um das Schöne, Reife und Vollendete. Das Vorbild erzieht beharrlich. Künstler & Betrachter bilden eine Einheit und der **kreative Prozess** verwebt die feinstofflichen & materiellen Elemente zur Zukunft.

Burgen und Schlösser sind das wohl prominenteste und größte kulturhistorische Erbe im Vulkanland. Viele davon sind als Zeugen der kriegerischen Vergangenheit Mahnmal zur aktiven Friedenssicherung in der Zukunftsfähigkeit.

Neben den erprobten und bewährten Feldern der Lebenskultur und des Lebensraumes öffnen wir einen kreativen Rahmen, der zum **Experimentieren & Gestalten** des Besonderen anregt – über den Alltag hinausgehend. Jeder Mensch ist kreativ. Im Erleben der eigenen Gestaltungskraft kommen wir in Fluss und erfahren uns als Schöpfer neuer Realitäten. Kultur findet durch unsere Äußerungen und Tätigkeiten statt. Die Inwertsetzung unserer Kulturleistungen wird durch das Bewusstsein & die aktive Beteiligung vieler BürgerInnen genährt – so wird hier etwas großes Gemeinsames geschaffen. Angewandte Kreativität braucht Mut. Mut ist eine Eigenschaft des Herzens. Der Lebenskultur – als nicht endend wollendes Stück und mit alltäglichen Themen, Textierung & Gefühlsmustern und dazu mit 104.000 Mitwirkenden auf der Bühne der Region gelebt – gebührt dadurch die höchste Einstufung unter den Künsten. Gelungene Lebenskultur in der Gemeinschaft ist die Krone der Kultivierung. Das Wissen um unsere Eigenart und die wachsende Lebenskultur in einem besonderen Lebensraum fördern den **Kulturaustausch** über Regionen und Staaten. Wir werden immer fähiger Kultur zu zeigen, auszudrücken, in Szene zu setzen und zu reflektieren. Es kommt uns zugute, dass wir auch eine einzigartige Kultursituation durch unsere zentrale Lage in Zentral- und Südosteuropa besitzen - wir haben die Chance, Drehscheibe für Lebenskulturaustausch & Friedenssicherung zu werden und das „Kulturorchester des europäischen Südostraumes" zu inspirieren & aufeinander einzustimmen.

„Wer sich seiner eigenen Kultur und Wurzeln bewusst ist, fürchtet das vorerst fremd Erscheinende nicht mehr."

Über dieses Buch:

Auf dem Weg zur Zukunftsfähigkeit stellen wir fest, dass ein neues Denken, eine neue Seele und ein neuer Geist die Menschen und die Region erfasst haben. Das ist die Essenz unserer gemeinsamen Arbeit für unseren Lebens- und Wirtschaftsraum. Allen, die ihren Beitrag zum Gemeinwohl für Generationen leisten ist hier gedankt! Sie machen das Vulkanland wertvoll!
Die steigende Lebenskultur bedarf einer neuen Form der Politik - des Einsatzes füreinander: der Politik der Inwertsetzung.

Für das Steirische Vulkanland

Ing. Josef Ober | Obmann, LAbg.
Anton Gangl | Obmann-Stellvertreter, LAbg.
Dr. MBA Beatrix Lenz | Geschäftsführerin, **Mag. Michael Fend** | Leadermanager Vulkanland

Der Vorstand: Karl Lenz | Kurt Adlgasser | Kurt Deutschmann | Josef Doupona | Reinhold Ebner | Florian Gölles | Franz Großschädl | Johann Kaufmann | Susanne Lucchesi Palli | Gerhard Meixner | Christine Siegel | Johannes Weidinger | Johann Winkelmaier | Josef Winter

Stellvertretend danken wir allen Gemeinden namentlich, die sich gemeinsam auf diese spannende Reise begeben haben:

Auersbach, Aug-Radisch, Bad Gleichenberg, Baumgarten bei Gnas, Bierbaum am Auersbach, Breitenfeld an der Rittschein, Deutsch Goritz, Dietersdorf, Edelsbach bei Feldbach, Edelstauden, Eichfeld, Eichkögl, Fehring, Feldbach, Fladnitz im Raabtal, Frannach, Frutten-Gießelsdorf, Glojach, Gnas, Gniebing-Weißenbach, Gosdorf, Gossendorf, Grabersdorf, Halbenrain, Hatzendorf, Hof bei Straden, Hohenbrugg – Weinberg, Ilz, Jagerberg, Johnsdorf-Brunn, Kapfenstein, Kirchbach in Steiermark, Kirchberg an der Raab, Klöch, Kohlberg, Kornberg bei Riegersburg, Krusdorf, Leitersdorf im Raabtal, Lödersdorf, Maierdorf, Markt Hartmannsdorf, Merkendorf, Mettersdorf am Saßbach, Mitterlabill, Mühldorf bei Feldbach, Mureck, Murfeld, Nestelbach im Ilztal, Oberdorf am Hochegg, Oberstorcha, Ottendorf, Paldau, Perlsdorf, Pertlstein, Peterdsorf II, Pirching am Traubenberg, Poppendorf, Raabau, Radkersburg Umgebung, Raning, Ratschendorf, Riegersburg, Schwarzau im Schwarzautal, Sinabelkirchen, Söchau, St. Anna am Aigen, St. Peter am Ottersbach, St. Stefan im Rosental, St. Veit im Vogau, Stainz bei Straden, Straden, Studenzen, Tieschen, Trautmannsdorf, Trössing, Unterauersbach, Unterlamm, Weinburg am Saßbach und Zerlach

Zukunftsfähigkeit

menschlich - ökologisch - wirtschaftlich

Verfeinerung des Lebensstils, lebenslange Kultivierung, Mut und Wertschätzung, Eigenverantwortung, Ehrenamt und Vorbild, Dankbarkeit, regionaler Konsum.

Wertschätzung und achtsamer Umgang für die Grundlagen unserer Existenz, ökologisch und nachhaltig bewirtschaften, Landschaftsbild, Geomantie und harmonische Baukultur.

Neue Wirtschaftskultur, Regionalmarkt, Kreativität, Verantwortung, Positionierung (Kulinarik, Handwerk, Lebenskraft), Image, 100 % eigene Energie, Ethik, Zusammenarbeit, Jugendausbildung.

Lebenskultur

LEBENSKULTUR

Verfeinerung des Lebensstils, Festkultur im Jahreskreis, neue Kultur des Miteinanders, Wiederentdeckung des Eigenen.

DER WEG ZUR LEBENSREIFE

Bestimmmung und Lebensaufgabe, Bildung, aktive Senioren, barrierefrei kommunizieren, Pflege, natürliche Heilkräfte.

FAMILIEN- & HAUSARBEIT

Inwertsetzung Familien, Haus- & Erziehungsarbeit, Hausmanufaktur, Inwertsetzung der eigenen Talente und Potenziale.

ELTERN-KIND-BILDUNG

Familienwerte bilden, kompetente Eltern, Kinder- & Jugendfreundlichkeit, natürliche Heilkräfte, Jugend und Gemeinde.

Lebensraum

BAUKULTUR

Wohn- und Baukultur, Landschaftsbild, Baukultur als Ausdruck der Lebenskultur und Visionen, regionale Materialien.

ENTWICKLUNGS-PARTNERSCHAFTEN

Verteilung von Wohlstand, Ressourcen-/Lebensqualität, Partnerregionen, lokale/globale Verantwortung, (Jugend-)Austausch.

LEBENSRAUM & JAHRESZEITEN

Landschaft, Lebensraum ist Wirtschaftsraum – ist Entwicklungsraum, Jahreszeiten, Brauchtum, Ruhe, neue Wahrnehmung.

Regionalwirtschaft

ENERGIEVISION 2025

100 % regionale Energieversorgung ist möglich, Logistik, kaskadische Rohstoffnutzung, Flächenmanagement, Regionalwirtschaft.

RESSOURCEN- & KLIMASTRATEGIE

Regionale Ressourcen für nachhaltigen regionalen Wohlstand, Boden-Wasser-Klima, Mehrstoffzentren, regionale Werkstoffe.

REGIONALWIRTSCHAFT

Maximierung der Wertschöpfung vor Ort, Innovationskraft, Stärken bewusst machen, das Gute liegt so nah.

Grundsatzinformation zu den Bereichen der Lebenskultur, des Lebensraumes und der Regionalwirtschaft finden Sie in den zehn Themenbroschüren.

Zu bekommen im Haus der Region, Tel. 03152/8380-11